Die Acht Säulen des Reichtums

von

James Allen

Die Originalausgabe erschien im Jahr 1911 unter dem Titel
„Eight Pillars of Prosperity"

Verleger und Herausgeber:
Petar Skunca
Kantstraße 1
66557 Illingen
Deutschland
grange-over-sands@gmx.de

ISBN-13: 978-1974001125
ISBN-10: 1974001121

Herstellung und Druck:
Amazon Media EU SARL
5 Rue Plaetis
L-2338
Luxembourg

Inhalt

Vorwort

Es heißt, man könne den Wohlstand des Einzelnen sowie der Nation nur durch einen politischen oder sozialen Wandel vergrößern. Das ist aber nur insoweit richtig, als man an die Einübung der Tugenden durch die Einzelpersonen denkt, aus denen sich die Nation aufbaut. Bessere Gesetze und bessere soziale Bedingungen sind nämlich immer die Folge einer zunehmenden Moralität unter den einzelnen Gliedern einer Gemeinschaft. Keine Rechtsverordnung kann dem Einzelnen noch der Nation Wohlstand bescheren. Und keine Rechtsverordnung kann den Untergang eines Menschen aufhalten, geschweige denn den Untergang einer Nation, die im Streben nach der Tugend lax und dekadent geworden ist.

Die Tugenden sind das Fundament und die Stütze des Wohlstands. Sie sind der Kern wahrer Größe und für die Ewigkeit gemacht. Alle Errungenschaften des Menschen beruhen auf ihnen. Ohne sie gibt es weder Stärke noch Stabilität noch feste Wirklichkeit. Ohne sie gibt es einzig und allein vergängliche Träume. Wer die moralischen Prinzipien verinnerlicht, der findet Reichtum, Größe und Wahrheit. Diese Prinzipien machen uns stark, tapfer, glücklich und frei.

JAMES ALLEN,
Ilfracombe, England

1.

Die Acht Säulen

Reichtum ruht auf einem moralischen Fundament. Die gängige Meinung lautet, sie ruhe auf einem unmoralischen Fundament, sprich Betrug, unsauberen Geschäftspraktiken, Täuschung und Gier. Bisweilen hört man sogar ansonsten kluge Leute sagen: „Niemand kann wirtschaftlich erfolgreich sein, ohne unehrlich zu sein!“ Auf diese Weise wird wirtschaftlicher Erfolg – eine gute Sache – als das Ergebnis von Unehrlichkeit angesehen – einer schlechten Sache. Solche Aussagen sind oberflächlich und unüberlegt. Sie offenbaren völlige Unwissenheit über moralische Ursächlichkeiten. Darüber hinaus offenbaren sie ein sehr begrenztes Verständnis über die grundlegenden Tatsachen des Lebens. Wer würde denn auf die Idee kommen, ein Backsteinhaus in einem Sumpf zu errichten? In der natürlichen Ordnung der Welt ist so etwas unmöglich und sollte deswegen tunlichst vermieden werden. Man muss sich nun darüber im Klaren sein, dass die seelische oder moralische Ordnung der Ursächlichkeiten dem Prinzip nach gleich ist. Sie ist lediglich ihrer Natur nach anders. Dasselbe Gesetz, das für die Dinge gilt, die man nicht sehen kann – Gedanken und Taten – gilt für die Dinge, die man sehen kann – nämlich Naturereignisse. Der Mensch sieht die Prozesse in der Natur und handelt ihnen entsprechend. Weil er aber die spirituellen Prozesse nicht sieht, stellt er sich vor, sie hätten keinerlei Auswirkungen und handelt deswegen nicht in Harmonie mit ihnen.

Dabei sind die seelischen Prozesse genauso klar und genauso echt wie die natürlichen Prozesse. In der Welt des Geistes manifestieren sich dieselben natürlichen Funktionsweisen. Viele Gleichnisse und eine menge Zitate unserer großen Lehrmeister dienen allein dazu, diesen Sachverhalt zu verdeutlichen. Die natürliche Welt ist die geistige Welt sichtbar gemacht. Das Gesehene ist der Spiegel des Ungesehenen. Die obere Hälfte des Kreises ist in keinster Weise verschieden von seiner unteren Hälfte. Es kommt lediglich zu einer Spiegelung. Das Materielle und das Immaterielle sind nicht zwei voneinander abgekoppelte Bogen im Universum. Es sind die beiden Hälften des einen kompletten Kreises. Auch sind die natürliche und die geistige Welt keineswegs ewige Feinde, vielmehr sind sie ein ewiges Ganzes in der wahren Ordnung des Universums. Gerade im Unnatürlichen – im Missbrauch von Funktion und Veranlagung – kommt es zu einer Spaltung. Hier wird der Mensch vom vollkommenen Kreis, von dem er sich trennen wollte, unter Schmerzen zurückgezerrt. Jeder körperliche Prozess ist auch ein geistiger Prozess. Jedes Naturgesetz hat ein entsprechendes geistiges Gegenstück.

Egal welches körperliche Objekt man betrachtet, man wird dessen grundlegenden Prozesse in der mentalen Sphäre wiederfinden. Man denke zum Beispiel an das Aufkeimen eines Samens und dessen Wachstum hin zu einer Pflanze. Irgendwann bildet die Pflanze eine Blüte aus, nur um am Ende wieder zu Samen zu werden. Diesen Prozess kann man auch auf der mentalen Ebene beobachten. Gedanken sind Samen, die, wenn sie auf den Boden des Geistes fallen, aufkeimen und sich entwickeln. Irgendwann erreichen sie ihre völlige Reife, werden ganz ihrer Natur entsprechend zu guten oder schlechten, zu dummen oder brillanten Taten. Dann verwandeln sie sich wieder in gedankliche Samen zurück, bereit um in einem anderen Geiste ausgesät zu werden. Ein Lehrer ist ein Sämann, ein spiritueller Landwirt. Und wer sich selbst bildet, sprich seinen eigenen geistigen Boden bestellt, ist ein weiser Bauer. Beim Wachstum eines Gedankens verhält es sich wie mit dem Wachstum einer Pflanze. Die Samen müssen zur rechten Zeit gesät werden und es braucht seine Zeit, bis die Samen zu ausgereiften Pflanzen des Wissens heranwachsen und sich die Blüte der Weisheit in ihnen entwickelt.

Während ich diese Worte schreibe, halte ich inne, drehe mich zum Fenster und schaue hinaus. Dort, keine hundert Meter von mir entfernt, steht ein hoher Baum, in dessen Wipfel eine geschäftige Saatkrähe zum aller ersten Mal ihr Nest gebaut hat. Es weht ein kräftiger Wind aus Nordosten, sodass der Wipfel des Baums heftig hin und her schwankt. Und doch befindet sich dieses zarte Gebilde aus Stöckchen und Zweigen in keiner Gefahr. Die Vogelmutter, auf ihren Eiern sitzend, hat keine Angst vor dem Sturm. Wie kann das sein? Ganz einfach, der Vogel baut instinktiv sein Nest in Harmonie mit den Prinzipien, welche ein Maximum an Stärke und Sicherheit bieten. Erst wählt er eine Astgabel aus, die als Fundament dienen soll. Man beachte, er wählt nicht etwa den Freiraum zwischen zwei beliebigen Ästen, die im Gegensatz zur Astgabel im Sturm ihre Position zueinander verändern und so das Nest in Gefahr liefe, zerstört zu werden. Weiterhin ist die Form des Nests rund, denn so bietet es den größtmöglichen Widerstand gegen äußeren Druck. Dadurch wird es außerdem kompakter. Deswegen bleibt der Vogel so ruhig in seinem sicheren und gemütlichen Nest sitzen, egal wie heftig der Sturm auch wehen mag. Ein Nest ist ein sehr simples und vertrautes Objekt und doch wird aus dieser Struktur, welche so strikt den mathematischen Gesetzen gehorcht, eine Parabel der Aufklärung. Sie lehrt uns, dass man inmitten von Sturm und Ungewissheit die absolute Sicherheit und den absoluten Frieden nur dann erreichen kann, wenn man sein Tun mit festen Prinzipien in Einklang bringt.

Das von Menschenhand erbaute Haus, oder gar ein Tempel, ist ein noch viel komplizierteres Gebilde als ein Vogelnest.

Nichtsdestotrotz wird es in Einklang mit eben jenen mathematischen Prinzipien errichtet, die sich überall in der Natur offenbaren. Und nun wird deutlich, dass der Mensch in seinen materiellen Angelegenheiten universellen Prinzipien gehorcht. Er wird niemals versuchen ein Gebäude zu errichten, welches geometrischen Proportionen trotzt. Denn er weiß nur allzu gut, dass ein solches Gebäude nicht sicher wäre und dass der erste Sturm es aller Wahrscheinlichkeit nach in alle Einzelteile zerlegen würde - vorausgesetzt, das Gebäude würde überhaupt die Bauphase überstehen. Wenn es um ein Haus aus fester Materie geht, befolgt der Mensch peinlich genau die festen Prinzipien des Kreises, des Vierecks und des Dreiecks. Mithilfe von Zollstock, Lot und Zirkel errichtet er Strukturen, die den wildesten Stürmen standhalten und ihm so Schutz und Obdach bieten.

Das hört sich unglaublich simpel an, mag der Leser sagen. Ja, das stimmt; und es ist so simpel, weil es wahr und zugleich perfekt ist. Es ist sogar so wahr, dass es nicht den kleinsten Kompromiss duldet und so perfekt, dass kein Mensch es verbessern könnte. Der Mensch hat seine Erfahrungen gemacht und die Prinzipien der materiellen Welt eingängig studiert. Dann hat er erkannt, wie weise es ist, sie zu befolgen. Genau aus diesem Grund habe ich auf sie verwiesen. Ich werde im Folgenden beweisen, dass die festen Prinzipien, die in der mentalen beziehungsweise der geistigen Welt herrschen, genauso simpel, ewig, wahr und perfekt sind. Dabei spielt es keine Rolle, dass der Mensch sie zum gegenwärtigen Zeitpunkt kaum versteht und ihnen deswegen täglich zuwiderhandelt. Er tut dies, weil er keine Vorstellung von deren Natur hat und sich nicht bewusst ist, wie sehr er sich damit die ganze Zeit schadet.

Im Mentalen wie im Materiellen, in den Taten wie auch in den natürlichen Prozessen gibt es ein festes Fundament. Es besteht aus den Gesetzen, welche unweigerlich zu Fehlern führen oder in einer Niederlage enden, sollte man sie bewusst oder unbewusst ignorieren. Tatsächlich liegt im unbewussten Ignorieren dieser Gesetze eine der Hauptquellen des Schmerzes und des Leides in der Welt. In der körperlichen Welt manifestiert sich dieses Gesetzeswerk im Gewandt der Mathematik. In der geistigen Welt wird sie als Moral wahrgenommen. Aber das Mathematische und die Moral sind nicht getrennt voneinander zu sehen und sie sind auch nichts Gegensätzliches – sie sind vielmehr zwei Aspekte eines vereinten Ganzen. Die festen Prinzipien der Mathematik, denen alles Materielle gehorcht, sind der Körper, während dessen Seele ethischer Natur ist. Die ewigen Prinzipien der Moral sind nichts anderes als allgemein bekannte, mathematische Wahrheiten, die im Universum des Geistes wirken. Es ist genauso unmöglich, erfolgreich zu leben, während man moralische Prinzipien ignoriert, wie es ist, erfolgreich zu bauen, während man die Prinzipien der Mathematik ignoriert. Der Charakter eines Menschen ist gefestigt, wenn er auf einem Fundament aus moralischen Gesetzen ruht. Es ist wie beim Hausbau. Die Bauarbeiten gehen nur langsam und mühselig von statten. Wenn es um den Charakter geht, geschehen die Bauarbeiten Tat für Tat, denn Taten sind die „Ziegel" des Charakters. Das Geschäftsleben und all die anderen menschlichen Unternehmungen sind von der ewigen Ordnung nicht ausgenommen. Sie bewegen sich nur dann auf sicherem Boden, wenn der Mensch die festen Gesetze beachtet. Reichtum geht daher auf ein festes moralisches Fundament zurück. Dieses Fundament sorgt dafür, dass der Reichtum stabil und dauerhaft ist. Reichtum muss sich auf felsenfeste Säulen aus stahlhartem Charakter und goldener Moral stützen, wenn er stabil und dauerhaft sein soll. Plant man ein Unternehmen derart, dass es den moralischen Prinzipien widerspricht, folgt zwangsläufig die Katastrophe. Die dauerhaft erfolgreichen Mitglieder einer Gemeinschaft sind nicht etwa die Betrüger und nicht die Blender, sondern deren verlässlichen und aufrechten Mitglieder. Die Quaker zählen zu den ehrlichsten und verlässlichsten Menschen innerhalb der Britischen Gesellschaft und obwohl es nur wenige von ihnen gibt, sind es unsere erfolgreichsten Landsleute. Die Anhänger des Jainismus sind übrigens das indische Äquivalent zu den Quakern, was deren Zahl wie auch deren Erfolg angeht.

Es steckt schon in der Sprache. Wir reden davon, ein Geschäft „aufzubauen". Ein Unternehmen ist nämlich genauso sehr Gebäude wie das Backsteinhaus oder die Kirche, obschon die Errichtung in der mentalen Ebene stattfindet. Reich zu sein, bedeutet ein Dach über dem Kopf zu haben. Wie das Dach des Hauses bietet Reichtum Schutz und Geborgenheit. Aber ein Dach verlangt nach Stützen und Stützen setzen ein Fundament voraus. Das Dach des Reichtums wird von den folgenden acht Säulen getragen, die wiederum im Fundament moralischer Beständigkeit einzementiert sind:

1. Energie
2. Ökonomie
3. Integrität
4. System
5. Mitgefühl
6. Aufrichtigkeit
7. Objektivität
8. Eigenständigkeit

Würde ein Unternehmen auf der makellosen Ausübung der obigen Prinzipien beruhen, wäre es unglaublich standfest und beständig; es wäre geradezu unbesiegbar. Nichts könnte ihm schaden, nichts könnte seinen Reichtum unterminieren, nichts dessen Erfolg verhindern oder es zu Boden werfen. Allerdings nur solange es diesen Prinzipien gehorcht. Würde es hingegen kein einziges dieser Prinzipien befolgen, könnte es keinen wie auch immer gearteten Erfolg verbuchen. Es würde nicht einmal existieren, denn es wäre einfach nichts da, was ein Teil mit dem anderen verbinden könnte. Es würde an Substanz und Konsistenz fehlen. Es wäre leblos. Man stelle sich einen Menschen vor und dessen tägliches Leben, einen Menschen, der keines dieser Prinzipien verinnerlicht hat. Egal wie gering das persönliche Wissen um diese Prinzipien auch sein mag, man kann sich einfach nicht vorstellen, dass ein derartiger Mensch den geringsten Erfolg hätte. Unter Umständen könnte er das Leben eines verwirrten Streuners führen - aber es ist einfach unmöglich, sich diesen Menschen an der Spitze eines Unternehmens oder als Herz einer Organisation vorzustellen. Es gibt einen guten Grund, wieso sich niemand, der auch nur im Entferntesten klug oder moralisch ist, diesen Menschen als wirtschaftlich erfolgreich vorstellen kann. Für jeden, der bis dato nicht die Bedeutung dieser Prinzipien verstanden hat und deswegen die Position vertrat, die Moral sei kein Faktor für den Erfolg, sondern vielmehr ein Hindernis, sollte das Beweis genug sein, dass seine ursprüngliche Schlussfolgerung völlig falsch war. Denn wäre die Schlussfolgerung richtig, dann wäre man umso erfolgreicher, je weniger Wert man diesen moralischen Prinzipien zukommen ließe. Unter jeder Anhäufung von Reichtum stecken aber eben diese starken Stützen. Wie auch immer der äußere Anschein sein mag, das Tun des Menschen wird von diesen Prinzipien geleitet. Die Krone des Erfolgs ist dabei ihr vornehmstes Zeichen.

Es ist wahr, dass verhältnismäßig wenig erfolgreiche Menschen die genannten Prinzipien zur völligen Perfektion bringen. Dennoch gibt es Menschen, die genau das tun – und das sind die Führer, Lehrer und Lotsen vom großen Rest. Sie sind die Stützen der Gesellschaft und die Pioniere an der Spitze der Evolution.

Nur wenige von uns erlangen moralische Vollkommenheit und stoßen damit zum Gipfel des Erfolgs vor. Perfektioniert man auch nur zwei oder drei der Prinzipien, kann man sich zumindest ein gewöhnliches Maß an Wohlstand sichern und für begrenzte Zeit etwas Einfluss ausüben. Wenn man aber in zwei oder drei Prinzipien Perfektion erlangt hat und zudem in allen anderen oder fast allen anderen Prinzipien Spitzenleistungen erzielt, wird man dauerhaft an Einfluss gewinnen. Der Einfluss nimmt selbstverständlich in genau dem Ausmaß zu, wie man sein Wissen vertieft und in die Tat umsetzt.

Die Grenzlinien der menschlichen Moral markieren die Grenzen des Erfolgs. Würde man nun also den moralischen Grad eines Menschen kennen – mit mathematischer Exaktheit – würde man dessen endgültigen Erfolg oder Misserfolg kennen. Der Tempel des Reichtums wird nur so hoch, wie die Säulen der Moral ihn stützen können. Je schwächer die Stützen sind, desto unsicherer wird der Tempel im Ganzen. Das geht solange gut, bis die Säulen nachgeben und der Tempel zerbröckelt. Am Ende bleibt nur noch eine Ruine übrig.

Endgültiges Scheitern ist die Folge der Missachtung dieser moralischen Prinzipien – es herrscht das unvermeidliche Gesetz von Ursache und Wirkung. Wie der Stein, der nach oben geworfen wird, wieder auf den Erboden zurückfällt, so fällt auch jede Tat, ob gut oder schlecht, auf denjenigen zurück, der sie begangen hat. Jede sittenwidrige und unmoralische Tat unterwandert zwangsweise die eigenen Ziele und jede weitere schlechte Tat rückt sie zusehends in die Ferne. Auf der anderen Seite ist jede moralische Tat ein weiterer stabiler Block im Tempel des Reichtums und verleiht den Pfeilern, die ihn stützen, noch mehr Stärke als auch Schönheit.

Individuen, Familien und Nationen wachsen und gedeihen in Einklang mit ihrem moralischen und geistigen Wachstum – sie alle scheitern und fallen in Einklang mit ihrer moralischen Dekadenz.

Nur was Form hat und solide ist, kann aufrecht stehen und überdauern. Das gilt für das Körperliche als auch das Mentale. Morallosigkeit ist Nichtigkeit und aus dem Nichts kann nichts entstehen. Es ist die Negation von Substanz. Das Unmoralische ist Zerstörung. Es ist der Prozess spiritueller Entblößung. Aber während die Unmoral alles unterwandert und zerstört, bleibt das verstreute Material unberührt. Alles liegt parat und wartet auf den weisen Bauherrn, damit er die Teile wieder zusammensetzt. Der Bauherr ist die Moral. Die Moral ist Substanz, Form und Arbeitskraft, alles in einem. Die Moral baut auf und konserviert, denn das entspricht ihrer Natur. Sie steht im Gegensatz zur Unmoral, welche bloß zerstört und kaputt macht. Die Moral tritt stets als Baumeister auf, ob in der Nation oder im Individuum.

Die Moral ist unbesiegbar und wer ihr bis zum Ende treu bleibt, steht auf einem uneinnehmbaren Felsen. Von hier aus wird eine Niederlage unmöglich und der Triumph ist gewiss. Man wird vielleicht in Versuchung geführt, und zwar oft bis zum Äußersten, aber ohne den Kampf gibt es keinen Sieg. Allein durch den Kampf kann die moralische Kraft perfektioniert werden. Denn am Ende muss alles auf Herz und Nieren getestet werden. Die Stahlstäbe, die die härteste und die wichtigste Arbeit leisten sollen, werden vom Schmied natürlich auch dem härtesten Stresstest unterzogen. Er muss wissen, wie viel die Stäbe aushalten können, bevor sie seine Schmiede verlassen. Der Ziegelbrenner schmeißt die Ziegel weg, welche unter der enormen Hitze nachgegeben. Dementsprechend wird derjenige, der dauerhaft erfolgreich sein will, die widrigsten Umstände bewältigen müssen. Er muss durch das Feuer der Versuchung gehen und auf der anderen Seite angekommen, müssen seine moralischen Werte intakt sein. Mehr noch, sie müssen verstärkt und verschönert hervorgehen. Dann ist dieser Mensch seiner Art nach wie perfekt geschmiedeter

Stahl, der zu den größten Dingen fähig ist. Wie der Schmied es mit seinem Stahl tut, so geht die Welt sicher, dass sie ihren Nutzen aus dem integren Menschen zieht.

Die Unmoral ist stets angreifbar und wer versucht, auf ihr aufzubauen, versinkt in trostlosem Morast. Selbst wenn die Bemühungen des unmoralischen Menschen scheinbar fruchten, ist er nichtsdestotrotz dem Untergang geweiht. Am Ende ist sein Scheitern unausweichlich. Während der unmoralische Mensch über seine unverdienten Gewinne lacht, ist in seiner Hosentasche bereits ein Loch, aus dem sein Gold fällt. Wer es mit der Moral versucht, sie aber in der Stunde der Erprobung für einen schnellen Zugewinn fallen lässt, der ist wie der Ziegel, welcher die Feuertaufe nicht besteht. Er taugt nichts und die Welt verwirft ihn. Das soll aber nicht heißen, dass sie das für immer tut! Denn im Gegensatz zum Ziegel ist der Mensch ein lebendiges Wesen, das weiterlebt und aus seinen Fehlern lernen kann. Er kann bereuen und sich wiederherstellen.

Die moralische Kraft haucht jedem Streben nach Erfolg Leben ein. Sie ist das tragende Element allen Reichtums. Erfolg ist aber nicht gleich Erfolg, denn es gibt verschiedene Wege, erfolgreich zu sein. Häufig ist es notwendig, dass man in einer Sache scheitert, um dafür in einer anderen Sache große Erfolge verbuchen zu können. Wenn zum Beispiel ein literarisches, künstlerisches oder spirituelles Genie am Anfang seiner Karriere den Fokus aufs Geldverdienen legen sollte, so könnte es sein – und oft genug lässt sich genau das beobachten – dass diese Person bei dem Versuch bitter scheitert. Das könnte wiederum der Genialität der Person zu Gute kommen, schließlich liegt deren wahre Stärke in einer anderen Disziplin. Auf dem Scheitern in der freien Wirtschaft folgt letztlich eine viel erhabenere Form des Erfolgs. Zweifelsohne würden nicht wenige Millionäre ihr gesamtes Vermögen hergeben, um die literarischen Erfolge eines Shakespeares oder den spirituellen

Erfolg eines Buddhas feiern zu dürfen. Dabei würden sie diesen Tauschhandel sogar als ein echtes Schnäppchen ansehen. Herausragender spiritueller Erfolg geht selten einher mit Reichtum. Trotzdem kann sich der finanzielle Erfolg in keinster Weise mit ihm messen – nicht was dessen Größe anbelangt und nicht was dessen Erhabenheit anbelangt. In diesem Buch beschreibe ich allerdings nicht, wie man ein Heiliger wird, und auch nicht, wie man ein spirituelles Genie wird. Ich behandle genau jene Fragen, die mit dem Wohlstand in Verbindung stehen. Es geht um den Reichtum, das Wohlergehen und das Glück des Durchschnittsmannes und der Durchschnittsfrau. Reichtum ist der Sache nach mehr oder weniger Geld zentriert und im Hier und Jetzt verankert. Reichtum dehnt sich nichtsdestotrotz auf all unsere menschlichen Aktivitäten aus und bezieht diese mit ein. Wohlstand, so wie ich ihn definiere, steht in Beziehung zur Harmonie des Einzelnen mit dessen Lebenssituation. Es geht mir um die Zufriedenheit, die wir gerne als Glück bezeichnen, und die Behaglichkeit, die wir so gerne als Wohlstand oder Reichtum bezeichnen. Um dieses für die Masse der Menschen so faszinierende Ziel erfüllen zu können, müssen wir alle nachfolgenden Punkte untersuchen. Wir müssen untersuchen, wie die acht Prinzipien funktionieren, wie das Dach des Reichtums gedeckt wird und wie man es sicher auf seine stützenden Pfeiler setzt.

2.

Die Erste Säule

– Energie –

Die Energie ist der Arbeitsstrom des Erfolgs. Energie verbrennt die innere Kohle zu Feuer und verwandelt Wasser in Dampf. Sie belebt den Menschen und verbessert selbst das gewöhnlichste Talent, bis es die Grenzen des Genies erreicht. Berührt die Energie den Geist eines Dummkopfs, befeuert sie ihn und was zuvor noch träge ruhte, verwandelt sich in lebendiges Feuer.

Energie ist eine Tugend und ihr Gegenstück ist das Laster der Faulheit. Da es sich bei der Energie um eine Tugend handelt, kann sie selbstverständlich kultiviert werden. Der Faule kann energiegeladen werden, indem er sich dazu zwingt, immer neue Leistungen zu erbringen. Verglichen mit dem tatkräftigen Menschen, lebt der faule Mensch nicht einmal halb so intensiv. Während letztgenannter noch über die Schwierigkeiten einer Unternehmung spricht, arbeitet erstgenannter schon längst. Während der aktive Mensch bereits haufenweise Arbeit erledigt hat, ist sein faules Gegenstück erst aus dem Bett geklettert. Während der faule Mensch auf den richtigen Moment wartet, hat der aktive schon das Haus verlassen, ein halbes dutzend Möglichkeiten ausgelotet und darüber hinaus genutzt. Der eine tut und macht, während der andere sich noch die Augen reibt.

Die Energie ist eine grundlegende Kraft, denn ohne sie kann nichts geleistet werden. Sie ist das Grundelement aller Aktivitäten. Das ganze Universum ist nichts anderes als eine Manifestation der unermüdlichen und doch rätselhaften Energie. Energie bedeutet Leben und ohne sie gäbe es die Welt nicht. Wenn ein Mensch aufhört zu tun, wenn der Körper reglos daliegt und all seine Funktionen eingestellt hat, dann sagen wir, er sei tot. Demnach ist ein Mensch, der nicht mehr handelt, quasi tot. Der Mensch ist aber seiner mentalen und körperlichen Ausstattung nach dafür geschaffen, aktiv zu sein. Er soll nicht wie ein Schwein rasten. Jeder Muskel seines Körpers (dem Hebel der Handlung) ist dem faulen Menschen ein Tadel. Jeder Knochen und jeder Nerv ist so geformt, dass er stets Gegenwehr leisten kann. Einfach alles im menschlichen Körper hat Sinn und Zweck. Alle Teile finden ihren Sinn im Tun und alle Teile erfüllen ihren Zweck mit vollkommener Perfektion.

Weil das so ist, gibt es für den faulen Menschen keinen Wohlstand, kein Glück, keine Zuflucht und keine Ruhe. Es gibt sogar keine Leichtigkeit für ihn, obwohl er sie doch so sehr begehrt. Am Ende wird aus ihm ein Heimatloser, ein Ausgestoßener, ein geplagter, gequälter und verachteter Mensch. So behält die Weisheit „Der faule Mensch macht die härteste Arbeit!“ am Ende recht. Es stimmt, wer planvolle Arbeit meidet, zieht das härteste aller Lose.

Fehlgeleitete Energie ist daher besser als keine Energie. St. Johann hat den Umstand treffend formuliert, als er sagte: „Ich will dich entweder heiß oder kalt. Wenn du lauwarm bist, dann spucke ich dich wieder aus!“ Die beiden Extreme Kälte und Hitze symbolisieren hier die transformierende Wirkung der Energie, und zwar im Schlechten wie im Guten.

Der lauwarme Zustand ist ein farbloses, lebloses und unnützes Stadium. Man kann nicht so recht sagen, ob der Zustand tugendhaft oder lasterhaft ist – er ist bloß öde, leer und unfruchtbar. Der Mensch, der seine reichlich vorhandene Energie in böse Ziele steckt, wird der Kraft entsprechend, welche er in das Erreichen seiner egoistischen Ziele steckt, Probleme, Schmerzen und Leid erfahren. So wird er gezwungen, aus der Erfahrung zu lernen und die Basis seiner Handlungen neu zu ordnen. In dem Moment, wo sich sein mentales Auge edleren Vorsätzen widmet, wird er seine Kraft auf neue und richtige Kanäle ausrichten, wodurch er dann im Guten so stark sein wird wie zuvor im Schlechten. Das ist die Bedeutung hinter der alten Weisheit: „Je größer der Sünder, desto größer der Heilige."

Energie ist Macht und ohne sie würde nichts zustande kommen. Es gäbe nicht einmal die Tugend an sich. Tugendhaft zu sein, bedeutet nicht nur, das Böse zu unterlassen, sondern auch, das Gute zu tun. Gutes zu tun, kommt immer an aller erster Stelle. Es gibt Menschen, die es versuchen und dann scheitern, weil sie nicht genug Energie haben. Ihre Anstrengungen sind zu kläglich, um irgendeinen positiven Effekt zu haben. Solche Leute sind jedoch nicht böse. Und weil sie nie willentlich Schaden anrichten, spricht man im Allgemeinen, wenn man über sie redet, von guten aber gescheiterten Persönlichkeiten. Nicht den Antrieb zu haben, Böses zu tun, bedeutet noch lange nicht, gut zu sein. Es heißt einfach, dass man schwach und kraftlos ist. Ein guter Mensch besitzt die Macht, Böses zu tun, entscheidet sich aber dazu, seine Energie auf gute Weise zu nutzen. Ohne ein beachtliches Maß an Energie gibt es also keine moralische Kraft. Was für gute Qualitäten ein Mensch auch haben mag, sie sind latent und schlafen. Ohne Energie kann nichts Gutes entstehen. Es ist wie in der Mechanik: ohne Antriebsenergie gibt es keine Bewegung.

Bei der Energie handelt es sich um eine mitteilende Kraft, die sich über unser ganzes Tun erstreckt. Der Appell zu handeln, richtet sich nicht nur an den Soldaten. Jeder Lehrer appelliert an den Schüler, ob durch das gesprochene oder das geschriebene Wort, seine schlafende Energie zu wecken und sich energisch an die Arbeit zu machen. Sogar die Lehrmeister, die Reflexion und Meditation propagieren, hören niemals damit auf, ihre Schüler zur Übung anzutreiben. Die Energie wird in allen Sphären des Lebens gebraucht. Nicht nur die Regeln des Soldaten, des Ingenieurs und des Händlers sind Handlungsregeln; fast alle Gebote unserer Religionsstifter, Weisen und Heiligen sind Handlungsgebote.

Nicht ohne Grund lautet der Ratschlag eines großen Lehrmeisters an seine Jünger: „Bleibt hellwach!“ Wenn man seine Ziele erfüllen will, wird unermüdliche Energie zur Notwendigkeit. Dieser Ratschlag ist dem Geschäftsmann genauso dienlich wie dem Heiligen. „Ewige Wachsamkeit ist der Preis der Freiheit“ und die Freiheit ist mit der Erfüllung der eigenen festgelegten Ziele gleichzusetzen. Ferner heißt es: „Wenn etwas getan werden soll, so sollst du es sofort tun; und geh es energisch an!“ Die Weisheit dieser Worte wird deutlich, wenn man begreift, dass das Tun ein schöpferischer Prozess ist und dass Entwicklung und Wachstum das Ergebnis rechtmäßigen Tuns sind. Um in den Besitz von mehr Energie zu gelangen, müssen wir erst die Energie verbrauchen, die wir bereits besitzen. Nur dann bekommen wir mehr davon. Freiheit und Macht fallen nur demjenigen in die Hände, der seine Hände beherzt einsetzt.

Energie ist nur dann produktiv, wenn sie auf etwas Gutes hinzielt und zugleich sorgfältig kontrolliert und aufbewahrt wird. „Die Energieeinsparung“ ist ein modernes Konzept, das dem Naturprinzip entliehen ist. Hiernach geht Energie weder verloren, noch kann sie verschwendet werden. Der Mann, der seine Energien ertragreich investieren will, muss dieses Prinzip intelligent einsetzen. Lärm und Eile gehen zu verschwenderisch mit ihr um. Deswegen gilt: „Eile mit Weile!“ Maximaler Lärm geht für gewöhnlich mit minimaler Leistung einher. Auf viele Worte folgen normalerweise wenige Taten. Dampf arbeitet im Stillen. Entweichender Dampf macht dagegen allenfalls viel Lärm. Das konzentrierte Pulver treibt die Patrone ihrem Ziel entgegen.

Spart ein Mensch seine Energie ein, verstärkt er sie und indem er sie auf die Erfüllung seiner Ziele konzentriert, wird er ruhiger und gelassener, bis er schließlich Seelenruhe findet. Lärm bedeutet nicht Macht. Wer das annimmt, irrt sich. Das größte Kind ist der tobende Prahler. Seinem Aussehen nach ist er erwachsen, aber in seinem Inneren ist er ein Säugling. Der Prahler ist kraftlos, deswegen kann er nichts leisten und hat folglich keine Ergebnisse vorzuweisen. Er versucht diesen Umstand zu kompensieren, indem er mit angeblich vollbrachten Heldentaten prahlt oder ständig angibt, was er alles tun könnte.

„Stille Wasser sind tief" und die größten Kräfte im Universum sind unhörbar. Da, wo Ruhe herrscht, herrscht demnach die größte Kraft. Die Ruhe ist sichtbares Zeichen eines starken, gut geschulten, geduldigen und disziplinierten Geistes. Du kannst darauf vertrauen, dass der ruhige Mensch sein Geschäft kennt. Er redet nicht viel, dafür sind seine Worte bedeutungsvoll. Seine Pläne sind wohldurchdacht und sie funktionieren wie eine ausgefeilte Maschine. Er besitzt Weitblick. Er peilt sein Ziel direkt an. Während andere Leute Schwierigkeiten bloß als Feinde betrachten, macht er sie sich zum Freund und gewinnt seinen Nutzen aus ihnen. Er kennt nämlich die Bedeutung der Worte: „Sei deinem Widersacher geneigt, während du noch mit ihm auf dem Weg bist." Weil er ein kluger General ist, hat er sich einen Notfallplan ausgedacht. Er ist ein Mann, der Vorbereitungen trifft. In seinen Gedanken hält er Ratschlag mit sich selbst. Er beschäftigt sich mit den Ursachen und kennt alle Gefahren und Eventualitäten. Man trifft ihn nie unvorbereitet an. Er ist nie in Eile. Er findet in seiner eigenen Standfestigkeit die Sicherheit, die er braucht, und er weiß ganz genau, wo er steht. Du magst glauben, ihn in die Ecke getrieben zu haben, aber im nächsten Moment merkst du, dass du voreilig warst und gestolpert bist. Dann merkst du, dass er dich in Wahrheit in die Ecke getrieben hat und dass du in deine eigene

Falle gelaufen bist. Deine Heißblütigkeit kann sich nicht mit dessen Tiefgang messen. Er wehrt deinen Angriff sofort ab. Deine zügellose Energie kann es nicht mit seiner konzentrierten und klug gelenkten Kraft aufnehmen. Du wirst ihm niemals ungeschützt begegnen. Seine Selbstdisziplin hat ihn zu einem mentalen Jiu Jitzu Kämpfer werden lassen und wenn er auf Widerstand trifft, lässt er ihn sich selbst zerstören. Tob du nur und mach ihm Vorwürfe. Du wirst schon sehen, was du davon hast. Der Tadel, der in seiner sanften Antwort steckt, zielt nämlich exakt auf das Herz deiner Torheit ab und das Feuer deiner Wut verwandelt sich sofort in reuevolle Asche. Komm ihm mit vulgärer Vertrautheit und sein Blick wird dich auf der Stelle mit Scham erfüllen und dich wieder zur Vernunft bringen. Da er auf alle Eventualitäten vorbereitet ist, ist er auch auf alle Menschen vorbereitet, obschon diese nicht auf ihn. Alle Schwächen treten in seiner Gegenwart zutage und er kommandiert mit einer inhärenten Kraft, die er aufgrund seiner Ruhe und Gelassenheit unbewusst und gewohnheitsmäßig verströmt.

Gelassenheit stellt den Gipfel konzentrierter Energie dar. Damit ist allerdings nicht die totenähnliche Trägheit gemeint. Hinter der Gelassenheit steht eine fokussierte Mentalität. Aufruhr und Aufregung zerstreuen dagegen den Fokus. In dem Zustand ist es unmöglich, verantwortungsvoll zu handeln, und sollte man dennoch handeln, geschieht dies ohne Kraft und Effekt. Dem reizbaren und mürrischen Menschen fehlt es an Einfluss. Er widert die Leute an, anstatt anziehend auf sie zu wirken. Dabei wundert sich der mürrische Mensch, wieso sein „lockerer“ Nachbar so erfolgreich und beliebt ist, während er selbst immer in Eile ist, sich Sorgen macht, gestresst ist, ständig scheitert und gemieden wird. Dabei ist sein gelassener Nachbar überhaupt nicht so „locker“, wie er denkt. Er handelt lediglich überlegter, wieso er natürlich mehr Arbeit erledigen kann. Zudem ist er auch geschickter, viel selbstbeherrschter und erwachsener. Das sind die Gründe für dessen Erfolg und Einfluss. Wie bereits gesagt, kontrolliert der gelassene Mensch seine Energie effizienter und weiß, wie man sie einsetzen muss. Sein Gegenstück missbraucht und vergeudet hingegen seine ganze Energie.

Energie ist also die erste Säule im Tempel des Reichtums und ohne sie, als sie doch unser erstes und essentiellstes Werkzeug ist, kann es keinen Wohlstand geben. Keine Energie zu haben, bedeutet, nicht leistungsfähig zu sein. Es fehlen Selbstrespekt und Eigenständigkeit. Unter den Arbeitslosen gibt es viele, die arbeitsunfähig sind, weil ihnen ganz einfach die essentielle Arbeitsenergie fehlt. Wer Stunden lang an der Straßenecke steht, seine Hände in den Hosentaschen versteckt, Pfeife raucht und darauf wartet, von jemandem zu einem Bier eingeladen zu werden, hat schlechte Aussichten, eine Anstellung zu finden. Ein solcher Kerl wäre überhaupt nicht in der Lage, ein Stellenangebot anzunehmen, sollte ihm entgegen aller Wahrscheinlichkeit ein solches Angebot gemacht werden. Äußerlich schlapp und geistig träge nimmt seine Arbeitseignung von Tag zu Tag ab. Er wird zusehends lebensunfähiger. Der energiegeladene Mensch hingegen mag Zeiten der Arbeitslosigkeit durchlaufen und darunter leiden. Aber für ihn ist es unmöglich, einer dieser dauerarbeitslosen Nichtsnutze zu werden. Entweder er findet Arbeit oder er macht sie sich kurzentschlossen selbst. Denn die Trägheit ist ihm ein Graus und die Arbeit ein Vergnügen. Es gilt, wer Gefallen an der Arbeit hat, der wird nicht lange arbeitslos bleiben.

Der faule Mensch will gar keine Anstellung. Er ist voll und ganz in seinem Element, wenn er gar nichts tut. Sein Hauptaugenmerk liegt darauf, wie er sämtliche Anstrengungen vermeiden kann. Seine Vorstellung von Glück ist es, in einer Art Starre zu leben. Er ist untauglich. Er ist arbeitsunfähig. Sogar der extremste Sozialist, der jede Form von Arbeitslosigkeit den Reichen in die

Schuhe schieben will, würde einen faulen, unachtsamen und unprofitablen Diener feuern. Denn für den vernünftigen und aktiven Menschen ist die Faulheit das niederste Laster.

Die Energie ist ein Verbundwerkstoff, das heißt, sie steht nicht isoliert da. Sie arbeitet im Verbund mit anderen Eigenschaften, die zusammen genommen einen starken Charakter erzeugen und somit die Bildung von Vermögen erst ermöglichen. Es ist von folgenden vier Eigenschaften die Rede:

1. Schnelligkeit
2. Wachsamkeit
3. Fleiß
4. Achtsamkeit

Man sieht, bei der Energie handelt es sich um eine konkrete Masse, die aus diesen vier beständigen Elementen besteht. Die Elemente sind robust, beständig und darauf ausgelegt, den wildesten Stürmen standzuhalten. Sie fördern das Leben, die Kraft, die Leistungsfähigkeit und den Fortschritt.

Schnelligkeit ist ein wertvoller Besitz. Sie erzeugt Verlässlichkeit. Leuten, die wachsam, prompt und pünktlich sind, wird Vertrauen geschenkt. Man kann nämlich darauf vertrauen, dass sie ihre Pflichten erfüllen und dabei energisch und kompetent vorgehen. Chefs, die unverzüglich handeln, sind wie ein Elixier für ihre Angestellten und für diejenigen Angestellten, die sich gerne vor der Arbeit drücken, wirken sie wie eine Peitsche. Sie halten eine gesunde Disziplin aufrecht, sogar bei Leuten, die selbst nicht dazu in der Lage sind. Während solche Chefs ihrem eigenen Erfolg dienen, tragen sie gleichzeitig dazu bei, dass andere erfolgreich werden. Der nachlässige Arbeiter, der immer zaudert und ständig dem Zeitplan hinterherhinkt, ist eine Plage. Wenn er schon keine Plage für sich selbst ist, dann zumindest für seine Kollegen und Vorgesetzten. Die Dienste dieses Mitarbeiters werden als wenig gewinnbringend eingestuft. Sorgfalt und eine schnelle, effektive Abwicklung sind unsere Gehilfen auf dem Weg zum Reichtum. Im normalen Geschäftsleben ist der Eifer eine energiesparende Kraft und Unverzüglichkeit entspricht Profit. Es ist äußerst zweifelhaft, ob jemals ein eingefleischter Zauderer in der Geschäftswelt Erfolg hatte. Ich habe bisher jedenfalls noch keinen einzigen erfolgreichen Zauderer getroffen. Dafür habe ich aber viele von ihnen getroffen, die gescheitert sind.

Die Wachsamkeit ist der Wächter unserer Begabungen und Geisteskräfte. Sie ist der Spürhund, der verhindert, dass irgendwelche gewalttätigen und destruktiven Elemente Einlass finden in unser Leben. Die Wachsamkeit ist Begleiterin und Beschützerin jeglichen Erfolgs, jeglicher Freiheit und jeglicher Weisheit. Ohne eine aufmerksame Geisteshaltung degeneriert der Mensch zum Narren. Der Narr erlaubt, dass sein Geist geplündert wird und dass er seiner Tiefe, seiner Ruhe und seines Urteilsvermögens beraubt wird – wobei die lästigen Plünderer und Räuber in Form von niederen Gedanken und heftigen Leidenschaften daherkommen. Der Narr ist nie wachsam, sondern lässt die Türen zu seinem Verstand für den ruchlosen Eindringling immer weit offen. Er ist so schwach und unsicher, dass er von jedem Impuls, der ihm in den Sinn kommt, aus der Bahn geworfen wird. Er dient anderen als Beispiel dafür, wie man eine Sache nicht machen soll. Er macht alles falsch. Er ist einfach für jeden eine Beleidigung und niemand respektiert ihn. So wie die Weisheit der Gipfel der Stärke ist, ist die Torheit der Gipfel der Schwäche.

Die Abwesenheit von Wachsamkeit drückt sich in Gedankenlosigkeit aus und in einer generellen Ungenauigkeit, was die Details des Lebens betrifft. Gedankenlosigkeit ist bloß ein anderes Wort für Torheit. Sie ist nur allzu oft die Wurzel des Versagens und des Elends. Wer nützlich oder reich sein will, kann sich nicht leisten, ahnungslos zu sein, was seine Handlungen und ihre Konsequenzen angeht. Damit sind nicht nur die Auswirkungen gemeint, die man auf andere hat, sondern auch beziehungsweise vor allem jene Auswirkungen, die das persönliche Leben betreffen. Man muss am Anfang seiner Karriere unbedingt einen Sinn für persönliche Verantwortung entwickeln. Man muss wissen, dass das eigene Verhalten die Karriere massiv zum Guten oder zum Schlechten beeinflusst. Man muss daran denken, wo auch immer man sich gerade befindet, ob zuhause oder im Kontor, in der Kanzlei, im Laden, im Vorlesungssaal oder hinter dem Tresen, ob alleine oder in Gesellschaft, bei der Arbeit oder beim Spiel, egal wo und egal wann. Denn im Verhalten des Menschen verbirgt sich immer eine subtile Schwingung, die jeden Mann, jede Frau und jedes Kind nachhaltig beeinflusst. Man hinterlässt einen persönlichen Eindruck und dieser Eindruck ist der bestimmende Faktor in der Haltung, die eine Person auf die andere hat. Aus diesem Grund spielt die Kultivierung guter Manieren in jeder kohärenten Gesellschaft eine wichtige Rolle. Wenn man mit einem verstörenden oder unakzeptablen geistigen Schaden durchs Leben geht, muss der Umstand nicht erst publik gemacht werden, damit er sein giftiges Werk vollbringen kann. Sein zersetzender Einfluss wird sich durch alle Bestrebungen fressen und das Glück und den Erfolg verunstalten, so wie sich eine potente Säure durch den feinsten Stahl frisst. Auf der anderen Seite können die Schwingungen auch positive Effekte haben. Manche Menschen besitzen ein beruhigendes und harmonisches Wesen, das auf subtile Art einen positiven Einfluss ausübt. Dann wird man zu einem Magneten guten Willens. Oft geschieht das unbewusst. Trotzdem wird diese gute Eigenschaft zum mächtigsten Verbündeten der eigenen Unternehmungen. Man gewinnt Freunde hinzu und eröffnet sich ungeahnte Möglichkeiten. Dieser Wesenszug kann helfen, kleinere Unfähigkeiten zu überspielen und eine Vielzahl persönlicher Fehler zu überdecken.

Wir ziehen genau das aus der Welt, was wir in sie hineinstecken – auf Gutes folgt Gutes und auf Schlechtes folgt Schlechtes. Auf Fehlverhalten folgen Gleichgültigkeit sowie Misserfolg und auf überragendes Verhalten folgen anhaltende Macht sowie vollkommener Erfolg. Wir handeln und die Welt antwortet dementsprechend. Wenn ein törichter Mensch scheitert, sucht er die Schuld bei anderen und sieht keinerlei Schuld bei sich selbst. Der weise Mensch hingegen betrachtet sich selbst und korrigiert sein Verhalten umgehend. Dadurch ist ihm der Erfolg garantiert.

Der Mensch, dessen Geist lebhaft und wachsam ist, hat ein wertvolles Werkzeug, mit dem er seine Ziele erreichen kann. Sollte er wirklich vollkommen lebendig, hellwach und offen für neue Chancen sein und immer gegen verderbende Charaktereigenschaften ankämpfen – welches Ereignis, welcher Umstand und welcher Feind sollte diesen Menschen einholen und übermannen können? Einfach nichts wird ihn davon abhalten, seine legitimen Ziele zu erreichen.

Fleiß bringt Frohsinn und Fülle mit sich. Energische und strebsame Individuen zählen zu den glücklichsten Vertretern unserer Gemeinschaft. Es sind nicht immer die reichsten, wenn man dabei an Geld denkt. Aber es sind immer die leichtherzigsten und fröhlichsten Menschen. Sie sind am Zufriedensten mit dem, was sie haben, und mit dem, was sie tun. Wenn wir also den reichlich gesegneten Menschen meinen, dann zählen diese Leute zu den ganz reichen. Aktive Menschen haben keine Zeit, um schlecht gelaunt zu sein oder zu grübeln und sich ganz egoistisch auf ihrem Leid und ihren Problemen auszuruhen. Was am meisten verwendet wird, verstaubt nicht und Leute, die am meisten arbeiten, behalten am Ehesten ihren Glanz und ihren Elan. Ungenutzte Dinge werden schnell trübe und wer dauernd die Zeit totschlägt, wird von Langweile und morbiden Fantasien heimgesucht. Allein davon zu reden, die Zeit „totschlagen" zu müssen! Das kommt schon fast einem Eingeständnis gleich, an Geistesschwäche zu leiden. Uns steht doch bloß dieses eine kurze Leben zur Verfügung und wir leben in einer Welt, die so unglaublich interessant ist und vollgepackt ist mit klugen Köpfen und guten Herzen. Wir können jede Minute eines jeden Tages auf glückliche und nützliche Weise verbringen. Und dann gibt es tatsächlich Leute, die die Zeit totschlagen wollen!

Fleiß fördert die Gesundheit und das Wohlergehen. Der aktive Mensch geht jeden Abend müde zu Bett und ruht friedvoll. Er träumt süß und wacht morgens wieder in aller Frühe auf. Er ist frisch und stark genug, um den ganzen Tag lang zu schuften. Sein Appetit und seine Verdauung stimmen. Er findet Gefallen an der Erholung wie auch an der Arbeit. Wieso sollte man in der Melancholie oder im Trübsal einen Freund und Begleiter suchen? Solch morbide Geister verbringen ihre Zeit mit denen, die wenig arbeiten und vortrefflich speisen. Leute, die sich nützlich machen für die Gemeinschaft, erhalten von der Gemeinschaft eine volle Portion Gesundheit, Glück und Wohlstand zurück. Sie machen die tägliche Arbeit schöner und halten die Welt am Laufen. Sie sind das Gold der Nation und das Salz der Erde.

„Achtsamkeit“, sagte einst ein weiser Lehrer, „ist der Pfad zur Unsterblichkeit. Wer achtsam ist, wird nicht sterben. Wer nicht achtsam ist, ist bereits so gut wie tot.“ Achtsamkeit ist der Einsatz des ganzen Geistes auf eine Aufgabe. Wir leben nur in dem, was wir tun. Achtsame Menschen sind mit allem unzufrieden, was nicht wahrer Spitzenleistung entspricht und deswegen erlangen sie diese stets. Es gibt unglaublich viele Menschen, die achtlos und halbherzig sind, aber dennoch sind sie zufrieden mit ihren schlechten Ergebnissen. Aus diesem Grund stechen die Achtsamen mit ihren Leistungen immer aus der Masse hervor. Es gibt immer ausreichend viel Platz und auch genug Arbeit für achtsame Menschen. Achtsame Männer und achtsame Frauen haben schon immer erfolgreich Nischen besetzt. Dieser Menschenschlag ist gewissenhaft, Detail verliebt und akribisch. Diese Leute können nicht ruhig bleiben, bis sie ihr Bestes gegeben haben. Und die ganze Welt ist ständig auf der Suche nach den Besten, um sie gebührend zu belohnen. Die Welt ist stets bereit, demjenigen, der Spitzenleistung bringt, das volle Preisgeld zukommen zu lassen. Es ist egal, ob es um materielle, intellektuelle oder spirituelle Leistungen geht. Bezahlt wird mit Geld, Ruhm, Freunden, Einfluss, Glück oder Leben. Ob du ein Geschäft führst oder ein Heiliger bist, du kannst ruhigen Gewissens dein Bestes geben. Das Beste zu geben, ist niemals falsch. Ob der Fokus deiner Achtsamkeit auf materiellen Dingen liegt oder auf Worten, dein Geschäft wird gedeihen und deine Gebote fortbestehen.

Achtsame Menschen machen nicht nur in der Arbeitswelt rasch Fortschritte, sondern auch auf der charakterlichen Ebene. Das ist das Geheimnis ihres Weiterlebens. Denn der Tod ist nichts anderes als Stagnation und dort, wo der Fortschritt herrscht und Spitzenleistung erbracht wird, werden Stagnation und Tod von Aktivität und Leben verdrängt.

So steht es also um die Beschaffenheit der ersten Säule. Wer die Säule richtig erbaut und sichergeht, dass sie aufrecht und stabil ist, wird dauerhaften und mächtigen Schutz finden.

3.

Die Zweite Säule

– Ökonomie –

Man sagt über die Natur, sie kenne die Leere nicht. Das stimmt. Und sie kennt auch keine Verschwendung. Aufgrund der göttlichen Ökonomie wird alles konserviert und ins Positive umgekehrt. Sogar Exkremente werden chemisch umgewandelt und für die Herstellung neuer Formen verwendet. Die Natur vertilgt alle Fäulnis, und zwar nicht durch bloße Zerstörung, sondern durch Transmutation. Die Natur tut das, indem sie die Dinge reinigt, versüßt und dadurch ihren schönen, nützlichen und guten Zielen zukommen lässt.

Die Ökonomie stellt in der Natur ein universelles Prinzip dar. Sie ist eine moralische Eigenschaft und durch sie kann der Mensch seine Energie konservieren beziehungsweise einsparen. Auf diese Weise kann er seinen Platz in der Weltordnung bewahren.

Die finanzielle Ökonomie stellt lediglich ein Fragment dieses Prinzips dar. Sie ist ihr materielles Symbol. Die Ökonomie an sich ist völlig geistig und deren Transmutationen sind völlig spirituelller Art. Der Finanzökonom tauscht Kupfer gegen Silber, Silber gegen Gold, Gold gegen Bargeld und schließlich überträgt er das Bargeld in Zahlen auf ein Bankkonto. Durch die Transaktion von Werten in schneller übertragbare Formen, gewinnt er die Oberhand in der Handhabung seiner finanziellen Angelegenheiten. Der spirituelle Ökonom verhält sich analog dazu. Er verwandelt Leidenschaften in Intelligenz, Intelligenz in Prinzipien, Prinzipien in Weisheiten und Weisheiten in Handlungen - in wenige Handlungen, die dafür aber großen Effekt haben. Durch all diese Umwandlungen gewinnt er an Charakter und schließlich bekommt er die Oberhand in seinem Leben.

Die wahre Ökonomie sucht in allen Dingen den Mittelweg. Ob es nun um materielle oder geistige Dinge geht, ist egal. Die Ökonomie macht den entscheidenden Unterschied zwischen Verschwendung und unangemessener Zurückbehaltung aus. Was einmal verschwendet wurde, ob es sich nun um Geld oder mentale Energie handelt, wird kraftlos. Was auf egoistische Weise zurückgehalten und gehortet wird, ist genauso kraftlos. Um nun die geistige oder finanzielle Kraft zu bewahren, muss es zu einer Konzentration kommen. Auf diese Konzentration muss jedoch auch eine legitime Verwendung folgen. Die Akkumulation von Geld oder Energie ist stets nur Mittel zum Zweck, am Ende steht nämlich immer deren Nutzung. Allein die Nutzung von Geld und Energie generiert Macht.

In der ganzheitlichen Ökonomie sucht man einen Mittelweg zwischen den folgenden sieben Faktoren: Geld, Nahrung, Kleidung, Erholung, Ruhe, Zeit und Energie.

Geld ist das Symbol für den Austausch und bietet Kaufkraft. Wer finanziellen Reichtum erlangen will und dabei Schulden vermeiden möchte, muss lernen, seine Ausgaben in Einklang mit seinen Einnahmen zu halten, sodass er einen Spielraum aus stets wachsendem und arbeitendem Eigenkapital schafft. Zumindest für Notfälle braucht er immer einen gewissen Puffer. Geld, das man gedankenlos ausgibt – für wertlose Vergnügungen oder schädlichen Luxus – ist verschwendetes Geld und zerstörte Macht. Denn selbst wenn es sich um eine limitierte und untergeordnete Form von Macht handelt, stellt die Fähigkeit, einen legitimen und Tugend geleiteten Kauf tätigen zu können, immer eine Machtposition dar, mit der wir Tag für Tag zu tun haben. Der

Prasser kann niemals reich werden und ist er aus reichem Haus, dann wird er bald in Armut leben. Der Geizhals kann trotz seiner gehorteten Reichtümer schlecht als reich bezeichnet werden, denn er lebt in Not. Dessen Gold, das nur faul herumliegt, ist seiner Kaufkraft beraubt. Der sparsame Mensch und der bedachte Mensch, das sind die beiden Menschen, die auf dem richtigen Weg sind. Sie sind es, die reich werden. Denn während sie ihr Geld auf weise Art ausgeben, sparen sie es gleichzeitig. Auf diese Art vergrößern sie schrittweise ihre Einflusssphäre, stetig in Relation zu ihren wachsenden Geldmitteln.

Der Arme, der reich werden will, muss ganz unten anfangen. Er sollte gar nicht erst auf die Idee kommen, reich wirken zu wollen und nie Dinge besitzen wollen, die er sich schlicht und ergreifend nicht leisten kann. Ganz unten findet sich immer genug Raum und gibt es immer genügend Möglichkeiten. Ganz unten hat man einen sicheren Anfangspunkt, denn von da aus führt kein Weg tiefer nach unten. Es geht immer in die eine Richtung, nach oben. Viele Geschäftsmänner und Geschäftsfrauen haben sich ins Elend gestürzt, weil sie töricht waren und dachten, sie müssten prahlen und protzen, um erfolgreich zu werden. Dabei führen solche Leute niemanden außer sich selbst hinters Licht. Ein ehrlicher und aufrichtiger Anfang in egal welcher Branche, wird den Erfolg eher garantieren als übertriebene Selbstdarstellung. Je kleiner das Kapital ist, desto kleiner sollte der Operationsradius sein. Kapital und Radius sind wie Hand und Handschuh – sie sollten besser gut zueinander passen. Konzentriere dein Kapital stets im Kreislauf seiner Leistungsfähigkeit. Egal wie limitiert der Kreis anfangs auch sein mag, er wird wachsen und sich ausdehnen, da die Eigendynamik stetig zunimmt und sich Ausdruck verleihen muss.

Merk dir: Nimm dich vor den beiden Extremen, Geiz und Verschwendungssucht, in Acht.

Nahrung repräsentiert das Leben, die Vitalität und die körperliche wie auch mentale Stärke. In Bezug auf Essen und Trinken gibt es wie immer einen Mittelweg. Wer Reichtum erlangen will, muss wohl genährt sein, darf sich aber nicht überfressen. Der Mensch, der seinen Körper aushungert, ob aus Geiz oder Askese (beides sind Formen falscher Ökonomie), schwächt seine mentale Energie und hinterlässt seinen Körper zu geschwächt, als dass er das Werkzeug irgendeiner großen Unternehmung sein könnte. Ein solcher Mensch kultiviert eine kränkliche Geisteshaltung. In diesem Zustand wird er zwangsläufig Fehler begehen.

Der Vielfraß dagegen zerstört sich durch den Exzess. Sein Körper degeneriert zu einem Reservoir aus Giften, was wiederum Krankheit und Zerfall anzieht. Zudem wird sein Geist immer verwirrter und er verroht zusehends. Er wird unfähig. Deswegen ist die Völlerei eine der niedersten und animalischsten Todsünden und sie widert jeden an, der den idealen Mittelweg sucht.

Die besten Arbeiter und erfolgreichsten Individuen gehören zu eben dem Menschenschlag, der am maßvollsten isst und trinkt. Dadurch, dass diese Leute genug Nahrung zu sich nehmen, aber nie zu viel, können sie ein Maximum an mentaler und körperlicher Kraft generieren. Durch Mäßigung gestärkt, können sie das Leben mit Freude und Kraft in Angriff nehmen.

Kleidung dient dem Körper als Schutz und als zweite Haut, auch wenn sie allzu oft der Eitelkeit willen von diesem ökonomischen Prinzip entkoppelt wird. Hier gilt: zum einen muss die Verwahrlosung vermieden werden und zum anderen der Eitelkeit vorbeugt werden. Das heißt nicht, dass man gängige Gepflogenheiten ignorieren sollte. Auch die Sauberkeit ist von allergrößter Wichtigkeit. Der schlecht gekleidete und der ungepflegte Mensch heißt Scheitern und Einsamkeit willkommen - selbiges gilt natürlich auch für die Frau. Die Kleidung eines Menschen sollte mit der jeweiligen Lebenslage harmonisieren. Sie sollte darüber hinaus von guter Qualität und stets angemessen sein. Kleidung sollte nicht fortgeworfen werden, solange sie noch neu ist, sondern erst dann, wenn sie lange genug in Gebrauch war. Sollte man arm sein und deswegen alte Kleider tragen, wird man nicht automatisch den Respekt vor sich selbst verlieren und auch andere werden nicht den Respekt vor einem verlieren, solange man diese - wie auch sich selbst - ordentlich pflegt. Die Eitelkeit, die zu exzessivem Luxus neigt, ist dagegen ein Laster, das von tugendhaften Menschen unbedingt gemieden werden sollte. Ich kenne eine Dame, welche nicht weniger als 40 Kleider in ihrem Schrank hat, wie auch einen Mann, der 20 Spazierstöcke, ungefähr dieselbe Anzahl an Hüten und etwa ein Dutzend Mäntel besitzt. Ein anderer Mann nennt etwa 20 bis 30 Paar Stiefel sein Eigen. Reiche Menschen, die bergeweise Geld für haufenweise Kleider ausgeben, buhlen geradezu um die Gunst der Armut. Denn all dies ist Verschwendung und Verschwendung führt zu Mangel. So sorglos weggeworfenes Geld sollte lieber für die Armen und Notleidenden ausgegeben werden, denn Nächstenliebe ist edel.

Die aufdringliche Zurschaustellung von Kleidung und Schmuck deutet auf einen vulgären und leeren Verstand hin. Kultivierte Menschen sind bescheiden, was ihre Garderobe angeht. Ihr überschüssiges Geld verwenden sie darauf, sich weiterzubilden, kultivierter und tugendhafter zu werden. Bildung und Weiterbildung sind für sie wichtiger als eitle und unnütze Kleidung. So fördern sie die Literatur, die Kunst und die Wissenschaften. Wahre Raffinesse zeigt sich im Benehmen. An der übertriebenen Zurschaustellung des eigenen Körpers ist indes nichts Tugendhaftes und Schlaues zu finden, viel mehr lenkt es von diesen anziehenden Eigenschaften ab. Die Zeit, die man darauf verschwendet, dem Körper zu huldigen, kann viel besser eingesetzt werden. Nichts geht über Schlichtheit und Einfachheit, ob es nun um die Wahl der Kleider geht oder um irgendetwas anderes. Das Einfache und Schlichte kommt in Sachen Nutzen, Komfort und Anmut wahrer Exzellenz am nächsten und spricht für Geschmack und einen Sinn für Raffinesse.

Die Erholung gehört zu den Notwendigkeiten des Lebens. Jeder Mann und jede Frau sollte eine klar umrissene Arbeit zum Mittelpunkt des Lebens ernennen und diesem Mittelpunkt eine erhebliche Menge an Zeit widmen. Davon sollte man sich nur zu gewissen Zeiten abwenden, zum Beispiel um sich zu erholen oder um sich auszuruhen. Die Erholung hat zum Ziel, dass Geist und Körper mehr Antriebskraft entwickeln und man dadurch mehr Kraft für ernsthafte Arbeiten hat. Erholung ist nur Mittel zum Zweck und nie das Ziel. Bei zu vielen von uns entwickelt sich leider die Erholung zum Lebensziel, egal wie unschuldig und gut man es anfangs meinte. Bald schon tritt das Vergnügen an die Stelle der Pflicht. Wenn man aber aus dem Leben eine endlose Abfolge von Spielen macht und sonst keine anderen Ziele verfolgt, stellt man die Welt auf den Kopf. Wer das tut, gehört zu den unglücklichsten Vertretern der menschlichen Rasse und leidet an monotoner Langweile, genereller Schwäche und schlechter Laune. Erholung dient der Erholung und kann nur zu Elend führen, sollte man sie zum Mittelpunkt des Lebens machen. Hat man sein Tagewerk geleistet, kann man sich guten Gewissens der Erholung widmen. So kann beides, Arbeit wie auch Erholung, zur Quelle des Glücks werden.

Man muss eine Balance aus Arbeit und Erholung finden. Beide Teile brauchen ihren festen Platz und ihre feste Zeit. So kann man das Leben mit eben jenen Dingen füllen, die es verlängern und zugleich eine ertragreiche Existenz garantieren.

Jede angenehme Veränderung kommt einer Erholung gleich. Der geistige Arbeiter wird Quantität und Qualität der Arbeit zum positiven verändern, wenn er sich an die vorgesehenen Ruhepausen hält. Der körperlich tätige Arbeiter wird sich in jeder Hinsicht verbessern, wenn er sich in seiner Erholungsphase geistigen Tätigkeiten widmet.

Wir verbringen ja nicht unsere ganze Zeit damit zu schlafen oder zu essen und genauso wenig sollten wir uns bloß vergnügen. Wir sollten der Erholung ihren festen Platz einräumen als das, was sie ist – sie ist ein natürliches Elixier im ökonomischen Entwurf des Lebens.

Ruhe dient der Erholung nach getaner Arbeit. Jeder Mensch mit genug Selbstrespekt sollte jeden Tag genug arbeiten, damit sein Schlaf ruhig und erholsam ist, sodass er am nächsten Tag frisch und munter aufwacht. Man sollte genug schlafen, aber nicht zu viel. Zu viel und zu wenig sind gleichermaßen schädlich. Es ist recht einfach herauszufinden, wie viel Schlaf man tatsächlich braucht. Indem man früh zu Bett geht und früh aufsteht und die Zeiten jeweils ein wenig verändert, kann man schnell auf die Minute genau die Menge an Schlaf herausfinden, die man braucht, um komplett erholt zu sein. Je weniger man schläft, desto erholsamer wird der Schlaf und nach dem Aufstehen wird man wacher und aktiver. Wer mehr Leistung bringen will, darf nicht nachgeben, wenn es um seinen Schlaf geht. Am Ende findet sich der Sinn des Lebens nicht in der Mühelosigkeit, sondern in der ertragreichen Arbeit. Mühelosigkeit ist nur dann gut, wenn sie zum Ziel hat, dass man mehr Leistung bringen kann. Trägheit und Reichtum sind keine Freunde und werden niemals Freunde, sie finden einander ja nie. Der Faulenzer wird den Erfolg niemals überholen, sondern wird bald von der Niederlage eingeholt, die ihn geschlagen zurücklässt. Die Ruhe dient der höherwertigeren Arbeit und ist nicht dazu gedacht, dass wir uns in Kinder zurückverwandeln. Deswegen gilt: ist die Körperkraft erneuert, hat die Ruhe ausgedient. Eine perfekte Balance zwischen Arbeit und Ruhe trägt erheblich zu Gesundheit, Glück und Wohlstand bei.

Die Zeit ist die einzige Sache, die uns allen gleichermaßen zur Verfügung steht. Kein Mann hat einen längeren Tag als der andere. Deswegen sollte jeder von uns zusehen, dass er seine kostbaren Sekunden und Minuten nicht vergeudet. Wer seine Zeit mit Maßlosigkeit und Vergnügungssucht verschwendet, wird schnell realisieren, dass er alt geworden ist, ohne irgendetwas erreicht zu haben. Wer dagegen seine Stunden damit verbringt, Sinnvolles zu leisten, altert auf ehrenhafte Art und Weise. Außerdem begleitet ihn der Wohlstand im Zuge des Älterwerdens. Verschwendetes Geld kann wiedererlangt werden, genauso wie verlorene Gesundheit. Das gilt leider nicht für verlorene und verschwendete Zeit.

„Zeit ist Geld“, lautet eine alte Erkenntnis. Aber die Zeit ist zu gleichen Stücken Gesundheit, Stärke, Talent, Genie und Weisheit, je nachdem wie man sie nutzt. Und um sie richtig zu nutzen, muss man die Minuten nehmen, wie sie kommen. Denn sind sie erst einmal verstrichen, kann man sie nie wieder zurückbekommen. Man sollte seinen Tag in Einheiten unterteilen und alle Teile (Arbeit, Mahlzeiten, Erholung, Freizeit) sollten ein für sie jeweils angemessenes Maß an Zeit erhalten. Auch die Vorbereitungszeit sollte nicht übersehen werden. Was auch immer man tut, man wird besser, wenn man sich zuvor mental auf die Aufgabe vorbereitet. Wer frühzeitig aufsteht, um zu denken und zu planen, die Dinge richtig in Augenschein nimmt und richtig gewichtet, wird immer fähiger sein und mehr Erfolg haben in dem, was er sich vorgenommen hat, als derjenige, der bis zum letzten Moment im Bett bleibt und gerade noch früh genug aufsteht, um das Frühstück nicht zu verpassen. Wenn man nur eine Stunde auf diese Weise verbringt, handelt man schon viel erfolgsorientierter. Man kann seine Gedanken reinigen, sich beruhigen und gleichzeitig seine Energien konzentrieren, damit man sie viel stärker und effektiver einsetzten kann. Den größten Erfolg wird man vor acht Uhr morgens haben. Wer sich schon um sechs Uhr um seine

Geschäfte kümmert, wird immer dem Mann voraus sein, der bis acht Uhr schläft. Der „Bettlägrige“ stellt sich im Rennen des Lebens stets selbst ein Bein. Er bietet seinem Konkurrenten, dem Frühaufsteher, immer zwei bis drei Stunden Vorsprung, und zwar jeden Tag. Wie kann er denn jemals realistisch darauf hoffen zu gewinnen, wenn er sich selbst auf diese Weise besteuert? Am Ende des Jahres zeigt sich der Unterschied von zwei bis drei Stunden im Erfolg – der Synthese aus allen akkumulierten Ergebnissen. Und wie sieht der Unterschied dieser zwei unterschiedlichen Menschentypen erst nach 20 Jahren aus? Nachdem der Bettlägrige aufgestanden ist, versucht er fieberhaft, die verlorene Zeit einzuholen. Das führt dazu, dass er noch mehr Zeit verschwendet, da Hast zwangsläufig Fehler nach sich zieht. Der Frühaufsteher, der seine Zeit wirtschaftlich nutzt, hat keinen Grund zur Hast, denn er ist den anderen einen Schritt voraus und liegt mit seiner Arbeit gut in der Zeit. Er kann sich leicht erlauben, gelassen und ruhig zu sein und alles, was er tut, kann er mit der angemessenen Sorgfalt tun. Am Ende des Tages macht sich seine gute Angewohnheit in Form persönlichen Glücks bemerkbar und wird durch seine qualitativ guten Leistungen für alle Welt sichtbar.

Die Ökonomisierung der Zeit fordert vom Menschen natürlich, dass er viele Dinge aus seinem Leben eliminiert. Dazu gehören auch Dinge, die er liebt und gerne beibehalten würde, die er aber dennoch opfern muss, um sein Hauptziel im Leben erfüllen zu können. Die weise Eliminierung nicht-essentieller Dinge des Alltags stellt einen vitalen Faktor bei der Erfüllung aller großen Ziele dar. Alle großen Männer und Frauen sind Adepten dieses speziellen Zweigs der Ökonomie. Die Ökonomisierung hält Einzug in Geist, Handlung und Sprache. Dabei eliminiert sie alles, was unnötig und störend ist und nicht dem großen Endziel dient. Törichte und erfolglose Leute reden ziellos und fahrlässig daher und handeln dementsprechend auch ziellos und fahrlässig. Solche Leute lassen einfach alles, was ihnen über den Weg läuft, in ihren Verstand - ob es nun gut, schlecht oder schlicht und ergreifend anders ist.

Der Geist des wahren Ökonomen ist wie ein Sieb, das alles durchfallen lässt, was ihm im Geschäft seines Lebens nicht weiterbringt. Er sagt nur, was gesagt werden muss, und handelt auch nur, wenn es sinnvoll ist. Dadurch kommt es nicht zu Reibungsverlusten und Energieverschwendung.

Beizeiten zu Bett zu gehen und beizeiten wieder aufzustehen, jede arbeitsfähige Minute mit zweckmäßigen Gedanken und effektiven Handlungen zu füllen – so sieht die echte Ökonomie der Zeit aus.

Energie wird durch die Ausbildung guter Angewohnheiten eingespart. Alle Laster sind eine rücksichtslose Energieausgabe. Hinreichende Energie, mit der man die größten Erfolge verbuchen könnte - sollte man sie denn zu nutzen wissen - werden gedankenlos vergeudet. Wenn man die bereits genannten sechs Punkte berücksichtigt, ist viel getan, um die eigene Energie einzusparen. Aber man muss noch ein Stück weitergehen. Man muss mit der eigenen Vitalität vorsichtig umgehen, indem man alle Formen körperlicher Nachsicht und Unreinheit meidet. Aber dasselbe gilt für die geistigen Laster wie Hast, Sorge, Aufregung, Niedergeschlagenheit, Wut, Neid und Gemurre – all diese Laster verbrauchen die Geisteskraft und verhindern, dass der Geist wichtige Arbeiten leisten und damit beachtlichen Erfolg verbuchen kann. Bei den Lastern handelt es sich um gewöhnliche Formen mentaler Zerstreuung, die der charakterstarke Mensch studieren sollte, um sie vermeiden und bewältigen zu können. Die Energie, die bei Wutanfällen und schlechter Laune verloren geht, könnte einem die Geisteskraft, die Charakterstärke und die Macht geben, um unglaubliche Dinge auf die Beine zu stellen. Man muss sich selbst unter Kontrolle haben und die Energie richtig zu lenken wissen. Der zornige Mensch ist ein starker Mensch, den die Zerstreuung seiner mentalen Energie zu einem Schwächling macht. Er braucht mehr Selbstkontrolle, um seine Stärke manifestieren zu können. Der ruhige Mensch ist ihm in egal welchem Gebiet stets überlegen. Auch wird er immer den Vorzug haben, ob es nun um den persönlichen Erfolg geht oder um die Wertschätzung durch andere. Kein Mensch kann sich leisten, seine Energie dadurch zu verlieren, dass er schlechte Angewohnheiten pflegt und seinen Verstand in schädliche Richtungen lenkt. Jedes Laster, egal wie nichtig es erscheinen mag, wird sich als ein Hindernis im Kampf des Lebens erweisen. Jede schädliche Zügellosigkeit wird sich gegen ihn wenden und die Form einer speziellen Schwäche oder eines speziellen Problems annehmen. Mit jedem Wutanfall und jedes Mal, wenn du deine niederen Gelüste befriedigst, wird es schwieriger für dich, deine Ziele zu erreichen. So hältst du dich jedes Mal selbst davon ab, den höchsten Himmel des Erfolgs zu erreichen. Auf der anderen Seite wirst du, wenn du deine Energie richtig einteilst und sie auf das Erreichen deiner Aufgaben ausrichtest, rasch Fortschritte machen. Nichts kann dich dann noch davon abhalten, die Goldene Stadt des Erfolgs zu erreichen.

Es ist bereits angeklungen, dass die Ökonomie viel tiefer und viel weitreichender ist als das bloße Einsparen von Geld. Die Ökonomie betrifft jeden Aspekt unserer Natur und jede Phase unseres Lebens. Die alte Weisheit, „Wer den Pfennig nicht ehrt, ist des Talers nicht wert", soll uns als Gleichnis dienen. Die niederen Leidenschaften entsprechen unserer nativen Energie. Der Missbrauch dieser Energie ist schlecht. Wenn man sich aber um diese Energie kümmert, sie ansammelt und umwandelt, dann manifestiert sie sich als Charakterstärke. Diese wertvolle Energie durch das Nachjagen von Lastern zu verschwenden, ist, als würde man den Pfennig verschwenden und somit den Taler verlieren. Wenn man sich dagegen um die Energie kümmert und sie für gute Zwecke einsetzt, kommt das einer Einsparung der Pfennige der Leidenschaften gleich, wodurch man den goldenen Taler gewinnt. Kümmere dich also um die geringen Energiebeträge und der große Erfolg kümmert sich um sich selbst.

Die Säule der Ökonomie, wenn sie denn solide erbaut ist, setzt sich aus den folgenden vier Eigenschaften zusammen:

1. Mäßigung
2. Effizienz
3. Einfallsreichtum
4. Originalität

Die Mäßigung bildet den starken Kern der Ökonomie. Sie verhindert Extreme und findet deswegen immer einen gesunden Mittelweg. Mäßigung äußert sich außerdem darin, dass man sich vom Nutzlosen und vom Schädlichen freimacht. Im Lasterhaften kann es keine Mäßigung geben, denn dort herrscht stets ein Übermaß. Wahre Mäßigung entsagt dem Laster. Es ist kein moderates Verhalten, seine Hand ins Feuer zu legen. Stattdessen sollte man seine Hand in der Nähe des Feuers lassen, um sich in sicherer Entfernung zu wärmen. Das Laster ist ein Feuer, das einen Menschen verbrennt, sobald es ihn berührt. Schädlichen Luxus lässt man also besser in Ruhe. Tabak, Schnupftabak, Alkohol, Glücksspiel und andere Laster haben dem Menschen noch nie Gesundheit, Glück oder Erfolg beschert. Dafür haben sie aber schon tausende von uns ins Elend gestürzt, deren Gesundheit ruiniert und sie scheitern lassen. Derjenige, der diesen Lastern entsagt, wird immer demjenigen voraus sein, der ihnen hinterherjagt – selbst wenn dessen Talente und Chancen ansonsten gleichwertig sind. Gesunde, glückliche und langlebige Menschen halten Maß und pflegen eine enthaltsame Lebensart. Mäßigung wahrt die Lebensgeister und der Exzess zerstört sie. Wer dem Maß einen festen Platz in seinen Gedanken einräumt, beschwichtigt seine Leidenschaften, vermeidet alle ungesunden Extreme, morbiden Gefühle und Fantasien. Maßvolle Menschen fügen dem Glück und der Gesundheit zusätzlich Wissen und Weisheit hinzu, erfahren deswegen schließlich höchste Glückseligkeit und steigern ihre Kraft. Die Maßlosen unter uns zerstören sich selbst in ihrer eigenen Torheit. Sie schwächen ihre Energien, ziehen ihre Fähigkeiten ins Lächerliche und erlangen höchstens prekären und unbeständigen Wohlstand, anstatt dauerhaften Erfolg zu generieren.

Effizienz ist das Resultat der richtigen Konservierung der eigenen Kräfte und Stärken. Jede Fähigkeit stellt die Nutzung konzentrierter Energie dar. Überlegene Fähigkeiten, genauso wie Talent und Genie, bedeuten einen höheren Grad an konzentrierter Kraft. Der Mensch ist immer gut in dem, was er gerne tut oder gar liebt, weil der Geist fast unablässig damit beschäftigt ist. Können ist das Ergebnis dieser mentalen Ökonomie, die dazu befähigt, Gedanken in Erfindungen und Handlungen zu verwandeln. Ohne das Können wird es keinen Wohlstand geben und der eigene Reichtum wird sich immer im Rahmen dieses Könnens bewegen. Durch einen Prozess natürlicher Selektion fallen die unwirtschaftlichen Menschen auf die ihnen gebührenden Plätze zurück – sie bekommen schlecht bezahlte Stellen oder gleiten in die Arbeitslosigkeit ab. Wer sollte denn jemanden bezahlen, der seine Arbeit nicht richtig erledigen kann oder nicht erledigen will? Ein Arbeitgeber mag so jemanden manchmal aus Gründen der Barmherzigkeit behalten. Doch das wird nur in Ausnahmefällen geschehen. Unternehmen, Kanzleien und Haushalte, wie auch alle anderen Zentren organisierter Aktivitäten, sind keine Wohlfahrtsvereine, sondern arbeitsintensive Körperschaften, deren Erfolg von der Fitness und Effizienz ihrer Mitarbeiter abhängt.

Können ist das Resultat von Aufmerksamkeit und Wachsamkeit. Ziellose und unachtsame Leute sind normalerweise ohne Arbeit wie zum Beispiel der Nichtsnutz von der Straßenecke. Er kann selbst die simpelste Tätigkeit nicht richtig ausführen, weil er nämlich seinen Geist nicht aktivieren kann. Vor kurzem hat ein Bekannter von mir einen solchen Nichtsnutz angeheuert, um seine Fenster putzen zu lassen. Aber der Kerl hatte sich schon so lange systematisch vor der Arbeit und vor dem Denken gedrückt, dass er zu beiden Dingen nicht mehr in der Lage war. Man muss sich das wirklich einmal bewusst machen: Er war nicht dazu fähig, die Fenster zu putzen! Sogar nachdem man ihm gezeigt hatte, wie es geht, konnte er den simplen Anweisungen nicht Folge leisten. Das zeigt, dass sogar die einfachste Handlung ein gewisses Maß an Können voraussetzt. Die Effizienz definiert maßgeblich die Stellung eines Individuums in der Gesellschaft. Wachsen die Kräfte an, steigt man Stufe um Stufe die Leiter auf. Der gute Handwerker kann mit seinem Werkzeug – Hammer, Meißel, Winkelmaß etc. - gut umgehen, während der gute Denker seinerseits mit seinem Werkzeug umzugehen weiß – gemeint sind seine Gedanken. Die Weisheit ist die höchste Form des Könnens. Es gibt immer einen guten Weg, etwas zu tun, und auf der anderen Seite tausend falsche. Wahres Können besteht darin, den einen richtigen Weg zu finden und ihn zu gehen. Ineffiziente Leute laufen verwirrt tausend Wege auf und ab und finden den richtigen Weg nicht einmal dann, wenn er ihnen gezeigt wird. Manchmal tun sie das, weil sie in ihrer Ignoranz denken, sie wüssten es besser. Dadurch bringen sie sich in eine Position, die es ihnen unmöglich macht dazuzulernen – das gilt sogar für so simple Dinge wie dem Putzen von Fenstern oder dem Schrubben von Böden. Gedankenlosigkeit und Ineffizienz gehören leider zur Normalität. Daher gibt es in unserer Welt so unglaublich viel Platz für aufmerksame und effiziente Leute. Arbeitgeber wissen nur allzu gut, wie schwierig es ist, die besten Arbeitnehmer zu bekommen. Der gute Arbeiternehmer – ob er nun mit seinen Händen oder seinem Gehirn arbeitet, mit seinen Gedanken oder Worten – wird immer einen Platz finden, wo er seine Fähigkeiten gewinnbringend einsetzen kann.

Einfallsreichtum ist das Ergebnis von Effizienz. Er ist eine wichtige Voraussetzung für den Reichtum. Ein einfallsreicher Mensch wird nie völlig scheitern. Er mag oft stürzen, aber er wird sich jedes Mal der Situation anpassen und schon bald wieder auf seinen Füßen stehen. Einfallsreichtum hat seinen Ursprung in der Energiekonservierung. Einfallsreichtum ist umgewandelte Energie. Man muss sich die folgende Frage stellen. Wenn ein man sich seiner körperlichen oder geistigen Laster entledigt, die ihn zuvor seiner Energie beraubten, was geschieht da aus der konservierten Energie? Folgendes passiert. Sie wird nicht zerstört und sie geht nicht verloren, denn Energie kann nicht verlorengehen oder zerstört werden. Sie wird in produktive Energie umgewandelt. Sie manifestiert sich wieder, und zwar in Form fruchtbarer Gedanken. Der tugendhafte Mensch ist immer erfolgreicher als der lasterhafte Mensch, da er voller Ressourcen steckt. Seine gesamte Mentalität ist lebendig und kraftvoll; sie strotzt geradezu vor gespeicherter Energie. Was der lasterhafte Mensch durch öden Genuss verschwendet, weiß der tugendhafte Mensch für seine fruchtbare Arbeit zu verwenden. Auf den, der der alten animalischen Welt des Lasters entsagt, wartet ein neues Leben und eine neue Welt, die voller faszinierender Beschäftigungsmöglichkeiten und purer Freuden steckt. Der Platz eines solchen Menschen ist gesichert. In der Erde geht fruchtloser Samen zugrunde. In der fruchtbaren Ökonomie der Natur gibt es keinen Platz für ihn. Öde Geister gehen im Kampf des Lebens unter. Die menschliche Gesellschaft zielt auf das Gute ab und in ihr ist kein Raum für die Leere, die das Laster erzeugt. Der öde Geist muss aber nicht für immer untergehen. Wenn er will, kann er wieder fruchtbar werden und sich regenerieren. Der lasterhafte Mensch muss scheitern. Das steht geschrieben im Gesetz des Fortschritts wie im gesamten Wesen der Natur. Der lasterhafte Mensch kommt zu Fall. Ist er gestürzt, kann er jedoch wieder aufstehen. Er kann sich vom Laster lösen und zur Tugend finden. Er kann bald wieder auf festem Grund stehen, Selbstrespekt gewinnen und lernen, sich auf sich selbst zu verlassen.

Einfallsreiche Menschen erfinden, entdecken und lösen dadurch Entwicklungen aus. Sie können nicht scheitern, denn sie schwimmen im Strom des Fortschritts. Sie stecken voller neuer Pläne, neuer Methoden und neuer Hoffnungen. Ihr Leben ist dadurch reich und voll. Ihre Geister sind flexibel, anschmiegsam und beweglich. Gelingt es dem Menschen nicht, sein Unternehmen, seine Arbeitsweisen und seine Methoden zu verbessern, fällt er aus dem Strom des Fortschritts heraus und beginnt zu scheitern. Sein Geist ist steif und träge wie der Körper eines alten Mannes und so kann er nicht länger Schritt halten mit den sich rasch entwickelnden Ideen und Plänen einfallsreicher Geister. Ein einfallsreicher Geist hingegen ist ganz wie der Fluss, welcher nie austrocknet, der einen immer erfrischt und der in Zeiten der Dürre neue Vitalität schenkt. Findige Menschen sind Menschen mit Ideen und Menschen mit neuen Ideen gedeihen dort, wo andere ermatten und sterben.

Originalität ist gereifter und perfektionierter Einfallsreichtum. Wo Originalität zu finden ist, findet sich Genie und Menschen die genial sind, sind das Licht dieser Welt. Egal welcher Arbeit ein Mensch nachgeht, er sollte sich immer auf seinen eigenen Einfallsreichtum verlassen. Während er von anderen Leuten lernt, sollte er sie nicht zwanghaft imitieren, sondern sich in seine Arbeit stürzen und etwas Neues und Originelles kreieren. Originelle Menschen lauschen der Welt. Es mag sein, dass sie anfangs vernachlässigt werden, aber am Ende werden sie stets akzeptiert. Sie werden zu Musterstücken, die vom Rest der Menschheit imitiert werden. Wer die Originalität begriffen hat, nimmt seinen rechtmäßigen Platz als Anführer unter den Vertretern seiner Branche ein. Originalität kann nicht erzwungen werden. Sie kann nur ausgebildet werden und sie wird dadurch ausgebildet, dass man eine Spitzenleistung nach der anderen vollbringt. Man muss den Grad seiner Fähigkeiten kontinuierlich verbessern, indem man seine mentalen Kräfte komplett und gleichzeitig richtig einsetzt. Ein Mensch muss sich ganz seiner Arbeit widmen, dann, während er ihr voll und ganz gewidmet ist, muss er all seine Energie auf diese eine Sache konzentrieren. Und der Tag wird kommen, an dem die Welt ihn als eines ihrer starken Kinder feiert! Dieser Mensch wird, wie Balzac es eins tat, nach vielen Jahren der harten Arbeit ausrufen: „Ich werde ein Genie!" Zu seiner Freude wird er erkennen, dass er sich nun in guter Gesellschaft mit anderen originellen Köpfen befindet – es sind die Götter, die die Menschheit auf neue, höhere und wohltätigere Wege führen.

Nun kennen wir die Zusammensetzung der zweiten Säule. Sie wartet auf den fähigen Handwerker, der dazu geneigt ist, seine mentalen Kräfte auf sie zu konzentrieren.

4.

Die Dritte Säule

– Integrität –

Den Reichtum kann man nicht austricksen. Man muss ihn sich hart erkaufen, nicht nur mittels intelligenter Arbeit, sondern auch mittels moralischer Stärke. So wie eine Seifenblase unbeständig ist, kann der Betrug nicht gedeihen. Wer fieberhaft dem Geld hinterherjagt, sammelt es vielleicht schnell ein, wird allerdings auch vor Erschöpfung zusammenbrechen. Nichts kann durch Betrug gewonnen werden. Eine Zeitlang darf man das Ergaunerte sein Eigen nennen, doch dann wird es plötzlich verzinst zurückverlangt. Aber nicht nur der Betrüger schwindelt. Alle Leute, die Geld bekommen oder versuchen es zu bekommen, ohne eine äquivalente Gegenleistung zu erbringen, sind Betrüger. Ob sie das wissen oder nicht, spielt keine Rolle. Menschen, die angestrengt nachdenken, wie sie an Geld kommen, ohne dafür zu arbeiten, sind Hochstapler. Sie stehen mental fast auf derselben Stufe wie der Dieb und der Schwindler, in deren Fänge sie schließlich auch geraten. Eines Tages wird ihnen jemand ihr ganzes Geld nehmen. Ein Dieb ist nichts anderes als ein Mensch, der den Wunsch ins Extreme treibt, etwas zu besitzen, ohne dafür eine Gegenleistung zu erbringen. Wer um den Reichtum buhlt, muss in allen seinen Transaktionen, seien sie mentaler oder materieller Art, sichergehen, dass er einen gerechten Gegenwert zurückgibt. Das ist das Fundament des gerechten Handels. Wer kennt sie nicht, die Goldene Regel? „Was du nicht willst, dass man dir tut, das füg auch keinem andern zu.“ Die Wissenschaft drückt das Ganze in der Formel aus: „Aktion und Reaktion entsprechen einander.“

Das menschliche Miteinander ist wechselseitiger und nicht räuberischer Art. Wer alle anderen als seine Beute ansieht, wird schon bald merken, dass er sich in einer ruinösen Wüste aufhält und dass er weit entfernt vom Weg zum Reichtum ist. Er liegt in der Evolution zu weit zurück, um sich erfolgreich mit ehrlichen Menschen messen zu können. Die Fitten und die Besten überleben immer. Er hingegen kommt an sein Ende, weil er zum Schlechtesten gehört. Wenn er sich nicht rechtzeitig ändert, endet er in einer schmutzigen Hütte oder dem Asyl der Verdammten. Seine Anstrengungen sind destruktiv und nicht konstruktiv. Deswegen zerstört er sich am Ende selbst.

Ohne die Integrität scheitern Energie und Ökonomie. Aber werden beide Säulen von der Integrität gestützt, nimmt ihre Stärke um ein Vielfaches zu. Man muss wissen, es gibt keinen Zeitpunkt im Leben, in dem der moralische Faktor nicht eine wichtige Rolle spielen würde. Sterlingsilber besitzt Integrität und dessen Gütesiegel wacht über jede Transaktion. Grund ist dessen wundervolle Konsistenz, Kohärenz und nicht zu stoppende Stärke. Denn der integere Mensch steht mit den festen Regeln dieser Welt in Einklang. Er steht also nicht nur in Einklang mit den fundamentalen Prinzipien, auf denen die menschliche Gesellschaft aufbaut, sondern auch mit den Gesetzen, die das Universum an sich zusammenhalten. Wer wäre schon dazu in der Lage, diese Gesetze auf Null zu setzen? Niemand. Genau aus diesem Grund ist niemand dazu in der Lage, den integeren Menschen zu unterminieren. Er gleicht dem mächtigen Baum, dessen Wurzeln ganzjährig von der Quelle gespeist werden - kein Sturm kann ihn ausreißen.

Damit ein Mensch stark und komplett ist, muss ihn die Integrität ganz erfüllen und sich auf dessen gesamtes Leben ausdehnen. Die Integrität muss so stark und dauerhaft sein, dass sie allen

Versuchungen standhält. Wenn man im Kleinen scheitert, scheitert man auch im Großen. Unter Stress einen falschen Kompromiss einzugehen, egal wie erforderlich oder unwichtig er auch wirken mag, kommt dem Ablegen des Schutzschildes der Integrität gleich – von nun an ist man den Angriffen des Lasters schutzlos ausgeliefert.

Wer sorgfältig und gewissenhaft arbeitet, selbst wenn das wachsame Auge seines Arbeitgebers nicht mehr auf ihn gerichtet ist, wird schnell Karriere machen. Integrität im Dienst, selbst bei der Ausführung von kleineren Tätigkeiten, rückt die fruchtbaren Regionen des Wohlstands schnell in greifbare Nähe.

Auf der anderen Seite steht der Drückeberger. Es macht ihm nichts aus, die Arbeit schleifen zu lassen, während der Arbeitgeber nicht da ist, wodurch er ihm Zeit und Arbeitsleistung stiehlt. Der Drückeberger wird sich schnell in den fruchtlosen Regionen der Arbeitslosigkeit wiederfinden und sich hoffnungslos nach einer neuen Stelle umsehen.

Es kommt der Zeitpunkt, wo sich derjenige, der nicht in der Integrität verwurzelt ist, dazu gezwungen sieht, eine Lüge zu erzählen oder unehrlich zu sein, um seine Situation zu verbessern. Ich rede extra von dem Menschen, der nicht tief in ihr verwurzelt ist. Denn der wirklich integere Mensch weiß, dass es unter keinen Umständen dienlich ist, eine Lüge zu erzählen oder unehrlich zu sein. Deswegen wird er nie in Versuchung kommen, es mit der Lüge zu versuchen. Wer aber in Versuchung geführt wird, muss gegen die falsche Einflüsterung ankämpfen und dazu bereit sein, lieber zu leiden und zu verlieren, als so tief zu sinken und nachzugeben. Nur dann kann er, zumindest was dieses Prinzip angeht, Erleuchtung finden. Er wird zu der Erkenntnis gelangen, dass Integrität nicht Leid und Verlust bedeutet, sondern ein Zugewinn ist und Freude verursacht. Ehrlichkeit und Entbehrung sind nie die Folge oder der Grund für eigenes Leid.

Nicht Unehrlichkeit, sondern Aufopferungsbereitschaft führt zu Erleuchtung. Das gilt in allen Lebensbereichen. Wer lieber seinen egoistischen Zielen nachgeht, als diese zu opfern, hat sich selbst des Rechts beraubt, moralische Erleuchtung zu finden. Er kann sich zu den anderen niederen Anhängern des Betrugs gesellen, zu den Leuten, die fragwürdige und zwielichtige Geschäfte betreiben, und zu den Leuten, die keinen Charakter besitzen und kein Ansehen genießen.

Ein Mensch besitzt den Panzer der Integrität erst, wenn es ihm unmöglich wird zu lügen oder andere zu hintergehen, sei es durch Gesten, Worte oder Taten. Er muss erst noch erkennen, was für tödliche Auswirkungen dieses schändliche Verhalten hat. Wer diese Erkenntnis verinnerlicht, ist so gut geschützt, dass er keinen Angriff aus welcher Richtung auch immer mehr fürchten muss. Kein unehrlicher Mensch kann die eigene Position unterminieren. Das ist genauso unmöglich, wie dass ein Verrückter die Sonne vom Himmel reißt. Die Pfeile des Verrats und der Selbstsucht, die auf ihn abgefeuert werden, prallen von seiner starken Rüstung der Integrität ab.

Ein verlogener Geschäftsmann wird dir erzählen, dass es heute und unter diesen verschärften Wettbewerbsbedingungen nicht mehr möglich ist, ehrlich zu sein und gleichzeitig Erfolg zu haben. Doch wie kann er das behaupten, hat er es doch anscheinend nie versucht? Ein solcher Mensch hat keine Ahnung von der Ehrlichkeit und seine Meinung zeugt bloß von Ignoranz. Er ist so blind, töricht und falsch, dass er denkt, alle Menschen seien wie er. Ich kenne solche Geschäftsmänner und ich durfte Zeuge ihres Untergangs werden. Einst hörte ich einen von ihnen folgende Behauptung in der Öffentlichkeit äußern: „Kein Mensch kann im Geschäftsleben völlig ehrlich sein. Er kann allenfalls annähernd ehrlich sein.“ Er hatte angenommen, seine Behauptung würde den tatsächlichen Zustand der Geschäftswelt beschreiben – aber dem war nicht so. Lediglich seine eigene Haltung wurde den Anwesenden offenbart. Er hatte dem Publikum damit unmissverständlich gesagt, dass er ein unehrlicher Mensch ist. Lediglich seine Ignoranz – seine moralische Ignoranz – hielt ihn davon ab, es auf die gleiche Weise zu sehen. Annähernd ehrlich ist lediglich ein anderer Begriff für unehrlich. Ein Mensch, der ein wenig vom rechten Pfad abgekommen ist, wird immer weiter abkommen. Er hat keine festen Prinzipien und er denkt nur an seinen eigenen Vorteil. Wenn er sich selbst einredet, dass seine Unehrlichkeit von der weißen und harmlosen Sorte sei und dass er gar nicht so schlecht sei wie sein Nachbar, offenbart das nur die Selbsttäuschung, unter der er leidet. Und deren Ursache liegt einzig im Ignorieren moralischer Prinzipien.

Rechtes Verhalten ist die Seele der Integrität. Sie beinhaltet Ehrlichkeit, ist aber mehr als das. Sie ist das Rückgrat unserer Gesellschaft und die Stütze unserer Institutionen. Ohne sie gäbe es kein Vertrauen und keine Zuversicht unter den Menschen. Die Geschäftswelt würde ins Wanken geraten und kollabieren.

Der Lügner denkt, alle Menschen seien Lügner, und behandelt diese dementsprechend. Im Gegensatz dazu behandelt der integere Mensch alle Menschen mit Zuversicht. Er traut ihnen und sie vertrauen ihm. Sein waches Auge und seine offene Hand beschämen den Betrüger, sodass er seinen Betrug nicht durchführen kann. Emerson hat es trefflich formuliert, als er sagte: „Vertraue auf die Menschen und sie werden ehrlich zu dir sein, auch wenn sie *wegen dir* ihre Geschäftsregeln brechen müssen."

Der aufrichtige Mensch schafft es allein durch seine Präsenz, dass die Anwesenden sich an ihre Moralität gebunden sehen; das heißt, er bessert sie durch seine bloße Anwesenheit. Menschen beeinflussen sich gegenseitig auf starke Art und Weise und da das Gute stärker ist als das Böse, beschämt und erhöht der gute und starke Mensch sein schwaches und schlechtes Gegenüber.

Der integere Mensch verströmt unbewusst eine Würde, die Ehrfurcht auslöst und zudem inspirierend wirkt. Dadurch dass er sich über die Geringen, die Lasterhaften, die Gemeinen und die Falschen erhoben hat, machen sie sich irritiert davon. Auch das höchste intellektuelle Talent kann sich nicht mit dieser erhabenen Moral messen. In den Erinnerungen der Menschen und dem Ansehen der Welt nimmt der integere Mensch stets einen höheren Platz ein als das Genie. Buckminster sagt: „Die moralische Erhabenheit unabhängiger Integrität ist das Herausragendste, was die Natur zu bieten hat." Diese Eigenschaft macht aus Menschen Helden. Der Mensch, der in seiner Rechtschaffenheit unbeirrbar ist, ist seinem Wesen nach immer ein Held. Allein die Situation muss gegeben sein, um dieses Element hervorzubringen. Er ist außerdem glücklich. Der geniale Menschentyp hingegen kann ein sehr unglücklicher Zeitgenosse sein. Nichts – weder Krankheit noch Katastrophe noch der Tod – kann den integeren Menschen seiner dauerhaften Zufriedenheit berauben, denn sie wohnt der Aufrichtigkeit inne.

Rechtschaffenheit führt geradewegs zu Wohlstand. Dies passiert über vier Stufen. Erste Stufe. Der aufrichtige Mensch gewinnt die Zuversicht seiner Mitmenschen. Zweite Stufe. Nachdem er ihre Zuversicht gewonnen hat, schenken sie ihm ihr Vertrauen. Dritte Stufe. Da er niemals ihr Vertrauen ausnutzt, baut er sich einen guten Ruf auf. Vierte Stufe. Da sich ein guter Ruf schnell weit verbreitet, zieht er den Erfolg ohne weiteres Zutun an.

Unehrlichkeit hat den entgegengesetzten Effekt. Weil das Vertrauen zerstört wird, werden die Leute misstrauisch und argwöhnisch. Das zieht einen schlechten Ruf nach sich, was wiederum zur Niederlage führt.

Die Säule der Integrität wird von den folgenden vier Elementen getragen:

1. Ehrlichkeit
2. Furchtlosigkeit
3. Zielstrebigkeit
4. Unbesiegbarkeit

Ehrlichkeit ist der sicherste Weg zum Erfolg. Es ist so, dass der unehrliche Mensch am Ende leiden und sein Tun bereuen wird. Ein ehrlicher Mensch hingegen musste noch nie bereuen, ehrlich zu sein. Sogar wenn der ehrliche Mensch scheitern sollte – was manchmal passiert, weil die anderen Säulen wie Energie, Ökonomie oder System mangelhaft errichtet wurden – ist sein Scheitern lange nicht so schlimm wie das Scheitern eines unehrlichen Menschen. Denn der ehrliche Mensch kann sich immer darüber freuen, dass er seine Mitmenschen niemals hintergangen hat. Sogar in seiner dunkelsten Stunde kann er hierin Trost finden.

Ignorante Menschen glauben, die Unehrlichkeit stelle eine Art Abkürzung zum Reichtum dar. Aus diesem Grund machen sie ja diesen Fehler. Der unehrliche Mensch ist moralisch kurzsichtig. Er verhält sich wie der Säufer, der die direkte Freude an seiner Gewohnheit sieht, nicht aber die finale Erosion. Der unehrliche Mensch sieht dementsprechend die direkte Folge seiner unehrlichen Tat – den größeren Profit – nicht aber das Endresultat. Er merkt nicht, dass sein Charakter durch die Akkumulation solcher Taten zersetzt wird. Als logische Konsequenz kracht sein Geschäft in sich zusammen. Während er sich die Taschen füllt und denkt, dass er die Leute überaus clever und erfolgreich hintergangen hat, merkt er überhaupt nicht, dass er sich selbst die ganze Zeit hintergangen hat. Am Ende wird er seinen Gewinn mit Zinsen zurückzahlen müssen. Es findet sich nirgends ein Schlupfloch, um aus dieser gerechten Wiedergutmachung herauszukommen. Wir haben es hier nämlich mit einer moralischen Anziehungskraft zu tun und diese ist genauso gewiss und unveränderlich wie die physikalische Anziehungskraft, die auf den Stein wirkt, der in die Luft geworfen wurde.

Sobald ein Geschäftsmann von seinen Assistenten verlangt, unehrlich zu sein, und seine Ware verlogen anpreist, umgibt er sich mit Argwohn, Misstrauen und Hass. Die moralisch labilen Assistenten führen seine Anweisungen mit Verachtung aus, obgleich sie sich mit dessen dreckiger Arbeit selbst beschmutzen. Wie sollte der Erfolg in einer so giftigen Atmosphäre gedeihen können? Der Geist des Scheiterns wohnt einem solchen Unternehmen inne und der Tag des Scheiterns ist vorherbestimmt.

Ein ehrlicher Mensch mag scheitern, jedoch nie weil er ehrlich ist. Seine Fehler werden ehrenhafter Natur sein und sie werden nicht seinen Charakter oder seinen Ruf verletzen. Seine Fehler, die zweifelsohne mit einer falschen beruflichen Ausrichtung zusammenhängen, werden ihn stattdessen in eine passendere Richtung drängen, wo er seine Talente einsetzen kann und am Ende doch noch erfolgreich wird.

Furchtlosigkeit geht mit Ehrlichkeit einher. Der ehrliche Mensch hat ein klares Auge und einen unbeirrten Blick. Er sieht seinen Mitmenschen ins Gesicht, seine Worte sind direkt und überzeugen. Der Lügner und Betrüger senkt seinen Kopf, sein Auge ist trübe und sein Blick indirekt. Er kann seinem Gegenüber nicht in die Augen schauen und wenn er redet, weckt er Misstrauen. Seine Art zu reden ist mehrdeutig und überzeugt nicht.

Ist ein Mensch seinen Pflichten nachgekommen, hat er nichts zu befürchten. All seine Geschäftsverbindungen sind sicher und sauber. Seine Methoden und Handlungen werden der Prüfung unter Tageslicht standhalten. Sollte er schwierige Zeiten durchleben und in Schulden geraten, werden ihm die Leute vertrauen und auf die Rückzahlung warten. Er wird seine Schulden immer abtragen. Unehrliche Leute werden versuchen, ihre Schulden nicht zu bezahlen. Daher leben sie in Angst. Der ehrliche Mensch hingegen vermeidet es, in Schulden zu geraten – aber wenn die Schulden ihn einholen, dann hat er keine Angst, sondern er verdoppelt seine Anstrengungen, um seine Schuld wieder abzahlen zu können.

Unehrliche Leute leben in ständiger Angst. Sie haben zwar keine Angst vor den Schulden an sich, dafür aber davor diese zurückzahlen zu müssen. Sie fürchten sich sehr vor ihren Mitmenschen und vor den Behörden. Sie haben Angst vor den Konsequenzen ihres Handelns und sie haben Angst, dass ihre Missetaten offengelegt werden. Sie fürchten sich nämlich davor, dass sie die Konsequenzen ihres Handelns tragen müssen.

Der ehrliche Mensch muss diese schwere Last der Angst nicht mit sich schleppen. Er hat ein leichtes Herz und kann aufrecht im Kreise seiner Mitmenschen stehen. Er muss keine Rolle spielen, nicht schleichen und nicht kriechen. Er kann er selbst sein und anderen auf Augenhöhe begegnen. Da er niemanden betrogen oder verletzt hat, muss er sich vor niemandem fürchten und alles, was man ihm vorwirft, prallt von ihm ab und wird ihm zum Vorteil gereicht.

Diese Form von Furchtlosigkeit ist eine starke Festung im Leben eines Menschen, die ihn in Notfallsituationen schützt. So abgesichert kann man erhobenen Hauptes die zahlreichen Probleme des Lebens in Angriff nehmen und sich am Ende die Art von Erfolg sichern, den einem niemand mehr streitig machen kann.

Zielstrebigkeit ist das direkte Ergebnis eines starken Charakters und das Kennzeichen der Integrität. Die Absichten des zielstrebigen Menschen sind gut und stets durchdacht. Er rät nicht und arbeitet nicht im Dunkeln. Natürlich besitzen seine Pläne die gleichen moralischen Bestandteile, aus denen sein Charakter gemacht ist. Die Arbeit eines Menschen wird immer auf die ein oder andere Art dessen Persönlichkeit widerspiegeln. Fehlerfreie Integrität entspricht somit fehlerfreien Plänen. Er gewichtet, prüft und schaut nach vorne. Deswegen macht er weniger Fehler und rennt nicht dauernd in Probleme, aus denen er nur schwer wieder herausfindet. Weil er die Dinge in ihrer moralischen Gestalt sieht und die moralischen Konsequenzen vor Augen hat, steht er immer auf festem und erhöhtem Grund. Andere achten dagegen nur auf Zweckmäßigkeiten und Richtlinien. Dadurch, dass er einen vergrößerten Blick auf die Gesamtsituation hat, hat er einen umfassenderen Überblick über all die Details wie auch über die zugrunde liegenden Prinzipien. Die Moral ist der Zweckdienlichkeit immer einen Schritt voraus. Ihre Absichten sind weitreichender und stoppen nicht kurz unter der Oberfläche. Ihre Absichten sind stabiler, sicherer und andauernder. Die Integrität unterliegt einer angeborenen Direktheit, die es dem Menschen erlaubt, sofort auf den Punkt zu kommen, wenn er etwas in Angriff nimmt. Dadurch wird ein Scheitern fast unmöglich.

Starke Menschen halten an ihren Absichten fest und diese Absichten führen unweigerlich zu starken Ergebnissen. Der integere Mensch ist stärker als alle anderen Menschen und seine Stärke manifestiert sich in der Gründlichkeit, mit der er sein Leben gestaltet. Diese Gründlichkeit verlangt nach Respekt, Ansehen und Erfolg.

Unbesiegbarkeit ist der denkbar größte Beschützer, aber sie umgibt nur den Menschen, dessen Integrität rein und unanfechtbar ist. Wenn man niemals, nicht einmal im Kleinsten, die Prinzipien der Integrität verletzt hat, ist man gegen jede Andeutung, Verleumdung und Falschaussage gewappnet. Der Mensch, der in einem dieser Punkte versagt hat, ist angreifbar und wenn das Böse an diesem Punkt ansetzen kann, wird es ihn zu Boden werfen – er hat eine Achillesferse. Pure und vollkommene Integrität ist ein Schutz gegen jeden Angriff. Sie erlaubt es ihrem Besitzer, sich jeder Opposition und jedem Verfolger in den Weg zu stellen. Man agiert und reagiert mit erhabener Gelassenheit und furchtlosem Mut. Kein anderes wie auch immer geartetes Talent und kein geschäftlicher Scharfsinn kann dem Menschen eine vergleichbare geistige Kraft und Herzensruhe schenken. Diese Kraft und Herzensruhe sind das Ergebnis aus erleuchteter Akzeptanz und der Beachtung edler moralischer Prinzipien. Die Moralische Macht ist die größte denkbare Macht überhaupt. Wer wahren Wohlstand sucht und diese Macht für sich entdeckt, sie in seinen Gedanken und Taten kultiviert und erweitert, zählt schon bald zu den starken Führern unserer Erde.

Nun wissen wir, aus was die felsenfeste und kraftvolle Säule der Integrität besteht. Gesegnet und reicher als alle anderen Menschen soll derjenige sein, dem es gelingt, diese unzerstörbare Steinmetzkunst in den Tempel seines Lebens zu integrieren.

5.

Die Vierte Säule

– Systematik –

Mit Systematik ist jenes Prinzip gemeint, das Ordnung schafft und somit jedes Durcheinander prinzipiell unmöglich macht. In der natürlichen und in der universellen Ordnung hat alles seinen Platz, sodass das endlose Universum besser läuft als jede noch so perfekte Maschine. Käme es im All zu Unordnung, würde das die Zerstörung des ganzen Universums nach sich ziehen. Gleichsam zerstört Unordnung in den Angelegenheiten eines Menschen dessen Arbeit und dessen Reichtum.

Alle komplexen Organisationen beruhen auf dem Prinzip der Systematik. Ohne die Systematik kann sich ein Unternehmen nicht vergrößern. Deshalb ist sie das wichtigste Werkzeug des Händlers, des Geschäftsmanns und institutioneller Organisationen.

Es gibt viele Gebiete, in denen ein unordentlicher Mensch Erfolg haben kann – obwohl Ordnungssinn seine Erfolgsaussichten verbessern würde. Nichtsdestotrotz kann ein solcher Mensch im Geschäftsleben nie erfolgreich sein. Es sei denn, er gibt seine Geschäftsverwaltung an einen Geschäftsführer ab, der dessen Schwächen kompensiert.

Alle Konzerne entwickeln sich anhand eines bestimmten Leitfadens und jede Abweichung hätte desaströse Konsequenzen, was die Effizienz und die Gesundheit der Unternehmung angeht. Komplexe Unternehmen und Organisationen sind aufgebaut wie komplexe Körper in der Natur – den Details wird Aufmerksamkeit geschenkt. Der unorganisierte Mensch glaubt, dass er auf nichts achten muss, außer auf das große Ziel. Doch dadurch, dass er das Mittel zum Zweck vernachlässigt, scheitert er mit seinen Zielen. Sobald die Details durcheinander geraten, kann ein Organismus sterben. Achtlosigkeit steht dem Wachstum eines Projekts oder Konzerns im Weg.

Unordentliche und schlampige Menschen vergeuden enorme Mengen an Zeit und an Energie. Sie kennen keinen festen Platz für nichts und sind folglich immer auf der Suche nach irgendetwas. Sie verbringen viel zu viel Zeit mit der Suche nach Kleinigkeiten. Die Suche irritiert sie und darum sind sie oft schlecht gelaunt oder deprimiert. Sie verbrauchen tatsächlich genauso viel Energie mit ihren ständigen Suchen, wie andere brauchen, um ein großes Unternehmen auf die Beine zu stellen oder irgendwelche anderen Spitzenleistungen zu vollbringen. Das heißt, anstatt Dingen hinterherzujagen, würden sie besser ihre Zeit darauf verwenden, dem Erfolg hinterherzujagen.

Wer ordentlich ist, spart Zeit und Energie. Man verliert nichts und muss deswegen auch nie auf die Suche gehen. Alles hat seinen Platz und fällt einem augenblicklich in die Hand, selbst wenn es dunkel ist. Man kann sich erlauben, kühl zu bleiben und überlegt zu handeln. Man kann seine mentalen Energien darauf verwenden, etwas Profitableres zu tun, als irritiert oder schlecht gelaunt zu sein und anderen Leuten Vorwürfe für die eigenen Verfehlungen zu machen.

Der Systematik liegt etwas Geniales zugrunde, da sie mit Leichtigkeit scheinbar Wunder vollbringen kann. Ein ordentlicher Mensch erklimmt den Gipfel des Erfolgs, während sein schlampiger Konkurrent im Moorast des Durcheinanders versinkt. Das strikte Befolgen des Gesetzes der Ordnung ermöglicht ihm, seine Ziele zu erreichen, und zwar zügig, gleichmäßig und ohne Reibungsverlust oder Zeitverlust.

Die Systematik zu bejahen, ist für alle Bereiche des Geschäftslebens von höchster Wichtigkeit. Man muss sich so penibel und genau daran halten, wie sich der Heilige an seinen Schwur hält. Bricht man sein Bekenntnis, gefährdet man seinen finanziellen Erfolg. In der Finanzwelt ist das Gesetz der Ordnung eine eherne Notwendigkeit und derjenige, der dieses Gesetz fehlerfrei umsetzt, spart sich Zeit, Nerven und Geld.

Jede dauerhafte Bestrebung menschlicher Kultur beruht auf der Systematik. Der ganze Fortschritt käme zum Erliegen, würden wir nicht systematisch arbeiten. Man denke nur an die vielen Errungenschaften der Literatur, die Werke klassischer Autoren und Genies, die grandiosen Gedichte, die unzähligen Prosawerke, die monumentalen Geschichtswerke und herzergreifenden Reden. Man denke ferner an die sozialen Beziehungen, an die Religionen, die rechtlichen Satzungen und das endlose Wissen unserer Bücher. Man denke einfach an all die wundervollen Schätze und Errungenschaften unserer Sprache. Und jetzt muss man sich bewusst machen, dass diese Dinge - ihre Herkunft, ihr Wachstum und ihr Fortbestand - auf der systematischen Anordnung von lediglich 26 Buchstaben beruht. All das ist nur möglich, weil man sich strikt an eine exakt limitierte Anzahl von Regeln hält.

Es geht noch weiter. Die wundervollen Errungenschaften der Mathematik sind das Resultat einer systematischen Anordnung von lediglich zehn Zahlen. Selbst die komplexeste Maschine von der Welt mit ihren tausenden von Teilen, die sauber ineinander greifen, ist das Ergebnis einer systematischen Befolgung von wenigen mechanischen Gesetzen.

Hierin wird deutlich, wie die Systematik das Komplexe vereinfacht. Sie bringt die unendlich vielen Details mit einem einzigen zentralen Gesetz oder einer einzigen höheren Ordnung in Verbindung und erlaubt uns somit, dass wir völlig geregelt und ohne jedes Durcheinander mit den Details umgehen können.

Der Wissenschaftler benennt und klassifiziert die Milliarden von Details des Universums: vom Rädertierchen, das man nur durch das Mikroskop beobachten kann, bis hin zu den Sternen, die man nur mithilfe eines Teleskops sehen kann. Indem der Wissenschaftler der Systematik Folge leistet, kann er zwischen Millionen von Dingen Referenzen zu einer bestimmten Sache ziehen, und zwar innerhalb von Minuten. Die Fähigkeit, Zusammenhänge schnell erkennen zu können, macht die Systematik für alle Wissensgebiete und Arbeitsbereiche so unglaublich wichtig. Die Zeit und die Arbeit, die die Menschheit wegen ihr einsparen konnte, ist unvorstellbar groß. Wir reden von religiösen Systemen, politischen Systemen, Geschäftssystemen und dergleichen. Man merkt, dass alles in der menschlichen Gesellschaft durch Struktur und Ordnung miteinander in Verbindung steht. Tatsächlich ist die Systematik eines der großen und fundamentalen Prinzipien des Fortschritts. Sie verbindet Millionen von Menschen zu einem kompletten Ganzen, während die Individuen gleichzeitig nach ihrem Platz suchen und miteinander konkurrieren, weil sie gegensätzliche Ziele und Interessen haben.

Am folgenden Beispiel erkennt man, wie großartig die Systematik ist. Die vielen Einzelpersonen, deren Verstand nicht in der Disziplin der Systematik geschult ist, werden von vergleichsweise wenigen Leuten organisiert und auf ihre Plätze verwiesen. Die wenigen, von denen diese Organisationsmacht ausgeht, haben die zwingende Notwendigkeit für feste Regeln verstanden. Die Geschäftswelt, die Religion, das Gesetz, die Wissenschaft, die Politik, einfach jeder Bereich menschlicher Aktivität braucht eine gemeinsame Basis der Verständigung, um Verwirrung zu vermeiden. Das gilt bereits dann, wenn zwei Menschen aufeinandertreffen. Auf den Punkt gebracht heißt das, alles verlangt nach einem regulierenden System.

Das Leben ist zu kurz, um das Chaos zu kultivieren. Das Wissen wächst und der Fortschritt orientiert sich an einem systematischen Straßennetz, das Verzögerung und Rückschritt vermeidet, sodass derjenige, welcher sein Wissen oder seine Geschäftspraktiken systematisiert, die Sache für seinen Nachfolger vereinfacht und beschleunigt. Auf diese Weise kann der Nachfolger mühelos da weitermachen, wo der andere aufgehört hat.

Jedes große Unternehmen hat ein eigenes System, das seine gigantische Maschinerie am Laufen hält. Dadurch wird dem Unternehmen erlaubt, problemlos zu funktionieren. Einst erklärte mir ein Freund von mir, der ein herausragender Geschäftsmann ist, dass er sein Unternehmen problemlos für zwölf Monate verlassen könne, ohne dass seine Abwesenheit zu Problemen führe. Und es stimmt. Manchmal verlässt er sein Unternehmen für mehrere Monate, während er auf Reisen ist und sobald er zurückkehrt, tut jeder Mann, jede Frau, jedes Kind, jedes Werkzeug, jedes Buch und jede Maschine – eben jedes einzelne Detail, egal wie klein es sein mag – was es tun soll. Es ist, als wäre er nie fort gewesen. Seine Abwesenheit hat nie Probleme verursacht und es ist nie Chaos ausgebrochen.

Ohne Liebe zur Regelmäßigkeit und Disziplin kann es keinen herausragenden Erfolg geben. Regelmäßigkeit verhindert Reibungsverluste. Sie ist die Quelle von Effizienz und Geistesruhe. Leute, die die Disziplin verabscheuen, deren Verstand wild ist und von der Anarchie regiert wird, deren Gedanken und Handlungen achtlos und regellos sind, können niemals große Erfolge verbuchen oder reich werden. Sie häufen in ihrem Leben bloß Probleme, Sorgen, Schwierigkeiten und nichtige Ärgernisse an. All das würde ein Ende finden, würden sie damit beginnen, ihr Leben richtig zu regulieren.

Ein unsystematischer Verstand ist ein untrainierter Verstand und er kann sich im Wettlauf des Lebens niemals mit dem disziplinierten Verstand messen. Das ist beim Vergleich zwischen zwei Athleten, von denen einer trainiert und der andere untrainiert ist, nicht anders. Der undisziplinierte Verstand, der glaubt, alles sei in Ordnung, fällt im Rennen schnell zurück. Wie soll er sich mit dem disziplinierten Verstand messen, für den nur das Beste im Wettlauf um das Preisgeld in Ordnung ist? Der Mensch, der morgens zur Arbeit erscheint und erst einmal seine Werkzeuge suchen muss oder sich überlegen muss, wie man überhaupt eine Bilanz erstellt, oder nach den Schlüsseln zu seinem Schreibtisch suchen muss, wird ständig über seine selbst verursachten Probleme stolpern. Sein methodischer Nachbar hingegen wird fröhlich und frei die belebenden Höhen des Erfolgs erklimmen. Der Geschäftsmann, dessen Methodik schlampig und umständlich ist oder der den neusten Entwicklungen hinterherhinkt, sollte die Schuld bei sich selbst suchen. Seine Erfolgsperspektiven sehen düster aus. Er sollte endlich aufwachen und einsehen, dass er effektivere und spezialisierte Methoden anwenden muss. Er sollte alles mögliche versuchen, jeder Erfindung und jeder Idee nachgehen, mit deren Hilfe er seine Zeit und Arbeitsleistung optimieren kann. Er muss gründlicher, sorgsamer und produktiver werden.

Die Systematik ist das Gesetz, dem zufolge alles – sprich jeder Organismus, jedes Geschäft, jeder Charakter, jede Nation, jedes Imperium – aufgebaut ist. Indem Zelle zu Zelle, Abteilung zu Abteilung, Gedanke zu Gedanke, Gesetz zu Gesetz und Kolonie zu Kolonie ordentlich eingereiht, klassifiziert und addiert wird, wächst jeder Betrieb und jede Institution. Nur so entwickelt sich eine Unternehmung zu etwas Ganzheitlichem. Wer kontinuierlich seine Methoden verbessert, vermehrt seine baumeisterliche und schöpferische Macht. Es schickt sich daher für den Geschäftsmann, einfallsreich und erfinderisch zu sein. Denn die Baumeister – ob sie nun Kathedralen, Persönlichkeiten, Unternehmen oder Religionen erschaffen – sind die Starken auf dieser Erde. Sie sind die Beschützer und die Pioniere der Menschheit.

Der systematische Erschaffer ist Schöpfer und Bewahrer zugleich. Der unordentliche Mensch hingegen ist zerstörerisch. Die Fähigkeit des Erschaffers, weiter zu wachsen, kennt keine Grenzen. Er wird seinen Charakter perfektionieren, den Einfluss seiner Organisation ausbauen oder sein Unternehmen zu neuen, lukrativen Feldern führen. Allerdings muss er gewisse Voraussetzungen erfüllen. Er muss Disziplin und Ordnung aufrechterhalten. Das heißt, er sorgt dafür, dass die Details stimmen und jede Abteilung ihre spezifische Aufgabe erfüllt. Er muss auch alle Zahlen sowie seine Bücher kennen, sodass er zu jedem Zeitpunkt selbst die kleinsten Details nennen kann, die mit seiner Arbeit in Verbindung stehen.

Zur Systematik gehören folgende vier Punkte:

1. Bereitschaft
2. Präzision
3. Zweckmäßigkeit
4. Vollkommenheit

Bereitschaft bedeutet Vitalität. Damit ist diese aufgeweckte Geisteshaltung gemeint, mit der man eine Situation auf der Stelle verstehen kann und eine geeignete Antwort parat hat. Hält man die Systematik ein, pflegt und bildet man automatisch eine gefasste Geisteshaltung. Der erfolgreiche General muss es verstehen, eine Antwort auf einen neuen und unbekannten Zug des Gegners zu finden. Genauso muss der Geschäftsmann bereit sein, auf jede unerwartete Entwicklung, die sein Geschäftsfeld betrifft, reagieren zu können. Auch der Denker muss dazu in der Lage sein, auf neue Probleme reagieren zu können. Die Zauderei ist ein Laster und hat fatale Konsequenzen. Sie macht unfähig und fördert die Dummheit. Der Mensch, dessen Hände gefasst sind, dessen Herz gefasst ist und dessen Gehirn gefasst ist, der Mensch, der genau weiß, was er tut und es methodisch, geschickt und geschmeidig obschon vollendet tut, das ist ein Mensch, der wenig über die Erlangung des Reichtums nachdenken muss - denn der Reichtum kommt zu ihm, ob er ihn sucht oder nicht. Der Erfolg läuft ihm sozusagen hinterher und klopft an seine Tür. Dieser Mensch lenkt den Reichtum unbewusst durch seine hervorragenden Spitzenleistungen, die das Produkt seiner Fähigkeiten und seiner Methodik sind.

Sorgfalt ist überaus wichtig für alle kommerziellen Unternehmungen. Sie besteht aber nie außerhalb der Systematik. Eine mehr oder weniger unvollendete Systematik hat zur Folge, dass man mehr oder weniger katastrophale Fehler begeht. Das Ganze wiederholt sich solange, bis man sich verbessert.

Die Nachlässigkeit gehört zu den verbreitetsten Fehlerquellen. Wie genau jemand ist, hängt von dessen Selbst-Disziplin ab und die Selbst-Disziplin ist ein Indikator für hohe moralische Bildung. Die meisten werden nie eine hohe moralische Bildung erlangen. Wenn der nachlässige Mensch nicht willens ist, sich der Disziplin seines Arbeitgebers oder Ausbilders zu unterwerfen, weil er glaubt, alles besser zu wissen, wird er scheitern und nur noch für minderwertige Tätigkeiten in Frage kommen.

Die Verbreitung des Lasters der Nachlässigkeit sticht dem aufmerksamen Beobachter sofort ins Auge (Sieht man sich ihre verheerenden Resultate an, muss man einfach von einem Laster sprechen!). Wer den Leuten zuhört und darauf achtet, wie diese über Geschehnisse berichten oder simple Fakten wiedergeben, weiß genau, was gemeint ist. Die Ereignisse werden nahezu immer falsch wiedergegeben. Das hängt damit zusammen, dass die wenigsten Leute trainieren, akkurat zu reden und die wenigsten Erzähler einräumen, dass sie sich eventuell irren. Natürlich werden deswegen unzählige Lügen und Missverständnisse weiterverbreitet.

Die Leute geben sich mehr Mühe, etwas akkurat zu machen, als etwas akkurat zu sagen. Wobei die Leute meistens sogar bei dem, was sie tun, ungenau sind. Das macht sie ineffizient und inkompetent. Wer ständig seine eigene Zeit oder schlimmer noch die Zeit seines Arbeitgebers verschwendet, um seine Fehler zu korrigieren (im schlimmsten Fall wird sogar jemand anderes beauftragt, diese Fehler zu korrigieren), steht wohl nicht für lange in Lohn und Brot. Es ist mehr als unwahrscheinlich, dass so jemand jemals zu den Reichen gehören wird.

Noch nie hat es jemanden gegeben, der auf dem Weg zum Erfolg keine Fehler gemacht hat. Allerdings wird nur der fähige und vernünftige Mensch seine Fehler wahrnehmen und anschließend korrigieren. Tatsächlich sind fähige Menschen froh, wenn sie auf ihre Fehler aufmerksam gemacht werden. Hartnäckige oder gewohnheitsmäßige Nachlässigkeit ist ein Laster und wer seine Fehler nicht sieht und nicht an ihnen arbeitet, ist unfähig und unvernünftig.

Der progressive Mensch lernt aus seinen Fehlern genauso wie aus den Fehlern anderer. Er ist immer bemüht, guten Rat in die Tat umzusetzen. Er zielt darauf ab, seine Methoden immer präziser zu machen, denn Sorgfalt garantiert Perfektion. Die Sorgfältigkeit eines Menschen ist das Maß seiner Einzigartigkeit und kommt wahrer Vollendung gleich.

Zweckmäßigkeit beziehungsweise Nützlichkeit gehört zu den direkten Folgen angewandter Methodik. Bei systematischer Anwendung wird die Arbeit fruchtbar und profitabel. Der Gärtner, der die besten Produkte will, darf nicht bloß säen und anpflanzen, sondern er muss beides zur richtigen Zeit tun. Der richtige Zeitpunkt darf nicht verstreichen.

Die Zweckmäßigkeit betrachtet die praktische Seite der Dinge und bedient sich der richtigen Mittel beim Erreichen der Ziele. Sie vermeidet Nebensächlichkeiten, verzichtet auf Theorien und zieht ihren Nutzen allein aus den Dingen, die man in der Ökonomie des Lebens sinnvoll anwenden kann.

Unpraktisch eingestellte Leute belasten ihren Verstand mit nutzlosen und unbeweisbaren Theorien. Sie liebäugeln mit Fehlern, weil sie ständig spekulieren. Es liegt aber in der Natur der Spekulation, dass man sie nicht in die Tat umsetzen kann. Wer seine Kraft durch Taten beweist und nicht bloß redet und diskutiert, vermeidet metaphysische Wortklauberei und Dilemmata. Man sollte seine Energien lieber auf die Umsetzung guter und nützlicher Zielen lenken.

Was sich nicht in die Praxis umsetzen lässt, sollte auch keinen Platz im Geiste wegnehmen. Man sollte solche Ideen verwerfen, zurücklassen, ja, völlig ignorieren. Vor kurzem wollte mir tatsächlich jemand weismachen, dass er eine seiner Theorien nicht vergessen sollte, auch wenn sie unnütz sei, denn schließlich sei sie schön! Wenn sich jemand dazu entscheidet, an sogenannten schönen Theorien festzuhalten, von denen aber gesagt werden muss, dass sie keinen Nutzen im Leben haben und kein realistisches Fundament besitzen, der sollte sich nicht wundern, wenn er in seinen weltlichen Unternehmungen scheitert. So jemand ist schlicht und ergreifend kein praktisch denkender Mensch.

Wenn die Geisteskraft sich nicht länger mit spekulativen Theorien beschäftigen muss und stattdessen nur noch mit dem praktischen Tun in Kontakt tritt, nehmen Kraft, Können und Reichtum automatisch zu. Es spielt nicht die geringste Rolle, ob es sich dabei um materielle oder moralische Dinge handelt. Der Reichtum eines Menschen wird am Nutzen gemessen, den er für die Gemeinschaft hat. Und wie nützlich er ist, wird anhand seiner Taten gemessen. Was für Theorien er hat, ist völlig belanglos.

Der Tischler baut den Stuhl, der Baumeister das Haus, der Mechaniker die Maschine und der Weise einen perfekten Charakter. Weder die Schismatiker noch die Theoretiker noch die

Dampfredner sind das Salz dieser Erde. Das Salz der Erde, das sind die Arbeiter, die Macher und die Schöpfer.

Wenn ein Mensch sich von den Trugbildern intellektueller Spekulationen befreit, um Echtes zu bewirken und dabei seine ganze Kraft einsetzt, wird er ein ganz spezielles Wissen und eine ganz spezielle Kraft erhalten. Darüber hinaus sprechen ihm seine Mitmenschen eine einzigartige Stellung zu. Im Zuge dieser Entwicklung erlangt er dann den heiß begehrten Reichtum.

Vollkommenheit ist jene Eigenschaft des Geistes, welche uns erlaubt, mit einer Menge ähnlicher Details zurechtzukommen und diese in ihrer Gesamtheit zu erfassen. Gleichzeitig ist es uns möglich, dass *eine* Prinzip zu nennen, das alle Details lenkt und vereint. Dies ist eine wahrhaft meisterliche Eigenschaft. Sie verleiht dem Menschen organisierende und lenkende Kräfte. Diese Fähigkeit wird dadurch ausgebildet, dass man systematisch auf Details achtet. Der erfolgreiche Händler hat immer alle Einzelheiten seines Unternehmens im Hinterkopf und organisiert dieses Wissen durch ein System, das genau auf seinen speziellen Geschäftszweig angepasst ist. Der Erfinder kennt alle Details seiner Maschine und weiß in welcher Beziehung sie zu den zentralen mechanischen Prinzipien stehen. So gelingt es ihm, seine Maschine zu perfektionieren. Der Autor eines großartigen Buchs organisiert seine Charaktere und alle Ereignisse in Beziehung zu einer zentralen Handlung. So gelingt es ihm, ein literarisches Werk zu schaffen, das in sich schlüssig ist und Bestand hat. Vollständigkeit ist eine analytische und synthetische Fähigkeit, die im ein und selben Individuum vereint wird. Ein umfassender und gut organisierter Verstand, der in seinen stillen Tiefen ein Heer von Details in ihrer richtigen Anordnung und richtigen Funktionsweise unterhält, ist ein Verstand, der an den eines Genies grenzt. Nicht jeder Mensch kann ein Genie sein und das wird auch gar nicht verlangt. Ein Jeder kann jedoch allmählich seine mentalen

Fähigkeiten weiterentwickeln, indem er das Prinzip der Systematik exakt befolgt. Während sich der Intellekt erweitert und vertieft, wird man stärker – und zwangsläufig nimmt dann auch der persönliche Wohlstand zu.

Das sind also die vier Eckpfeiler im Tempel des Reichtums. Sie allein reichen aus, um ihn dauerhaft zu stützen. Der Tempel wäre nicht auf die Hilfe der verbliebenen vier Säulen angewiesen. Der Mensch, der die vier Säulen – Energie, Ökonomie, Integrität und Systematik – perfekt errichtet, wird in dem, was er sich für sein Leben vorgenommen hat, dauerhaft Erfolg genießen. Es ist unmöglich für einen Menschen zu scheitern, wenn er voller Energie ist, wenn er mit seiner Zeit und seinem Geld streng ökonomisch haushaltet, wenn er seine Kraft bewahrt, wenn seine Integrität unerschütterlich ist und wenn er zudem noch seinen Verstand wie auch seine Arbeitsweise der Systematik unterwirft.

Die Anstrengungen dieses Menschen werden mittels konzentrierter Energie in die richtige Richtung gelenkt, wodurch seine Leistungen effektiv und fruchtbar werden. Darüber hinaus wird ihm eine Reife und eine selbstgenügsame Würde zuteil, die unbewusst Respekt und Erfolg anzieht. Wie von selbst stärkt er jetzt seine schwächeren Mitmenschen. „Wenn du einen siehst, der in seinem Beruf tüchtig ist, kannst du dir sicher sein: Er wird Königen dienen, nicht gewöhnlichen Leuten." So heißt es in der Bibel. Er wird nicht betteln oder winseln und anderen Leuten zynisch Vorwürfe machen. Er ist ein zu starker Mensch, um so tief zu sinken. Seine aufrechte Haltung verdankt er seinem edlen und integeren Charakter. Dieser Mensch wird hohes Ansehen unter den Menschen genießen. Sein Erfolg ist sicher und sein Wohlstand wird nachhaltiger Art sein. „Er wird aufrecht stehen und nicht fallen im Kampf des Lebens."

6.

Die Fünfte Säule

– Mitgefühl –

Die übrigen vier Säulen sind die zentralen Säulen im Tempel des Reichtums. Sie verleihen ihm zusätzliche Stärke und Stabilität. Außerdem leisten sie einen großen Beitrag, um dessen Attraktivität zu steigern, denn sie gehören zu den höchsten moralischen Sphären, die ein Mensch erreichen kann. Es sind diese Säulen, die einen Menschen wirklich groß machen und dafür sorgen, dass er zu den seltenen Geistern gehört, die strahlend rein und hoch intelligent sind.

Nun sollte Mitgefühl auf keinen Fall mit diesem rührseligen und oberflächlichen Gefühl verwechselt werden, das ganz wie die wurzellose Blume schnell verwelkt und weder Saat noch Frucht hinterlässt. Hysterisch auf ein fremdes Schicksal zu reagieren, hat nichts mit Mitgefühl zu tun. Auch die wilde Entrüstung als Reaktion auf Gemeinheit und Ungerechtigkeit deutet keinesfalls auf einen mitfühlenden Geist hin. Wenn eine Person zuhause bösartig ist – wenn sie seinem Partner oder seiner Partnerin keine Ruhe lässt, ihre Kinder schlägt, ihre Bediensteten misshandelt oder kein gutes Wort für ihre Nachbarn übrig hat, wie scheinheilig ist es denn da, Anteil zu zeigen am Leid fremder Menschen? Wie oberflächlich muss denn die Entrüstung einer solchen Person sein, wenn sie über die herzlose Welt da draußen spricht?

Emerson hat folgendes darüber zu sagen: „Geh und liebe deine Kinder, liebe die Leute, die das Holz für dich hacken, sei freundlich und bescheiden und sei froh, wenn diese Gnade dir zu teil wird, und verbirg deinen harten und lieblosen Ehrgeiz niemals hinter deiner unglaublichen Liebe für schwarze Menschen, die tausend Meilen weit weg leben. Deine Liebe wird zuhause vermisst." Ein Mensch wird immer an seinen Taten gemessen und nicht an seinen Gefühlen. Und wenn diese Taten von Selbstsucht und Bitterkeit geleitet sind, wenn seine Familie und seine Hausangestellten seine Schritte mit Grauen vernehmen und voller Freude sind, wenn sie verstummen, wie leer sind da dessen Worte des Mitleids und wie vergebens ist da seine Mitgliedschaft in einer philanthropischen Gesellschaft?

Obwohl der Brunnen des Mitgefühls oft genug die Tränen speisen mag, beziehen die Tränen doch weitaus öfter ihr Wasser aus der dunklen Quelle der Selbstsucht. Wenn der Selbstsucht der Weg versperrt wird, greift sie nämlich oft auf die Hilfe von Tränen zurück.

Das echte Mitgefühl ist eine tiefe, leise und unbeschreibliche Zartheit, die sich immer wieder in Selbstlosigkeit äußert. Mitleidige Menschen sind nicht überschwänglich oder verkrampft. Stattdessen haben sie sich permanent im Griff. Sie sind streng, ruhig, bescheiden und gnädig. Deren scheinbar unberührtes Auftreten, was das Leid anderer betrifft, wird häufig von törichten Menschen als ein Zeichen von Gleichgültig ausgelegt. Aber das mitfühlende und scharfsinnige Auge erkennt tiefes und ehrliches Mitgefühl in deren ruhigen Kraft und der Geschwindigkeit, mit der sie helfen, während andere bloß dramatisch tun und Fehler machen.

Fehlendes Mitgefühl äußert sich in Zynismus, bösartigem Sarkasmus, bitterem Spott, Vorwürfen und Hohn, Wut und Verurteilung sowie in diesem morbiden und falschen Gefühl, bei dem es sich in Wahrheit um eine rein theoretische und eingebildete Form von Mitgefühl handelt, welche jedoch keinerlei Relevanz in der Praxis hat.

Fehlendes Mitgefühl entsteht aus Egoismus; Mitgefühl entsteht aus Liebe. Am Egoismus ist die Ignoranz beteiligt, während an der Liebe das Wissen beteiligt ist. Viele Menschen denken, sie seien von ihren Mitmenschen losgelöst. Sie betrachten ihre Ziele und Interessen unter rein individuellen Gesichtspunkten. Sie wissen sich selbst im Recht und andere im Unrecht. Das Mitgefühl hebt diese Trennung auf und setzt dem selbstzentrierten Leben ein Ende. Es erlaubt dem Menschen, in den Herzen seiner Gefährten zu leben und für sie zu fühlen und zu denken. Man kann sich in die Lage anderer versetzen und wird ihnen im Zuge dessen ähnlich. Genau deswegen sagte Walt Whitman, als er in den Hospitalen seinen Dienst tat: „Ich frage den Verletzten nie, wie er sich fühlt." Es ist einfach nur frech, einem leidenden Wesen diese Frage zu stellen. Leid verlangt nach Hilfe und nach Zärtlichkeit und nicht nach Neugier. Der mitfühlende Mann und die mitfühlende Frau fühlen das Leid ihres Gegenübers und kümmern sich um dessen Behebung.

Mitgefühl ist nicht angeberisch. Wann immer sich Eigenlob einmischt, verblasst das Mitgefühl. Wenn jemand über seine zahlreichen guten Taten spricht und sagt, man habe ihn zum Dank schlecht behandelt, dann hat er eben nicht aus seinem Herzen heraus gehandelt. Er muss erst noch lernen, was es heißt, großmütig zu sein. Großmütigkeit ist die Zierde des Mitgefühls.

Mitgefühl, und damit ist die echte und tiefe Bedeutung des Worts gemeint, ist das Einssein mit dem Gegenüber in dessen Streben und Leiden. Der Mensch wird ein Kompositwesen. Er entwickelt sich gewissermaßen zu einer Vielzahl von Menschen. Das heißt, er sieht die Dinge aus einer Vielzahl von verschiedenen Perspektiven und ist nicht mehr auf nur eine Sichtweise beschränkt. Er blickt durch die Augen anderer Menschen, hört mit deren Ohren, denkt mit deren Verstand und fühlt mit deren Herzen. So kann er Menschen verstehen, die völlig anders sind als er.

Die Bedeutung des Lebens seiner Mitmenschen wird ihm offenbart und er ist ihnen im Guten verbunden. Balzac sagte hierzu folgendes: „Die Armen faszinieren mich. Ihr Hunger ist mein Hunger. Ich bin bei ihnen, lebe in deren Hütten. Ich leide, weil sie leiden. Ich fühle die Lumpen des Bettlers auf meinem Rücken. Für kurze Zeit verwandle ich mich in dieses arme, verachtete menschliche Wesen.“ Balzacs Worte erinnern an die Worte eines noch viel größeren Menschen, der sagte, dass eine Tat, die für einen Leidenden getan wird, für ihn getan wird.

Das Mitgefühl zeigt uns den Weg in die Herzen aller Menschen. Wir verbinden uns geistig mit ihnen. Wenn sie leiden, dann fühlen wir ihren Schmerz. Wenn sie froh sind, dann freuen wir uns mit ihnen. Wenn sie Verachtung und Verfolgung ausgesetzt sind, dann sinken wir spirituell mit ihnen hinab in die Tiefe und fühlen in unseren Herzen deren Demütigung und Not. Wer diesen bindenden und einenden Geist des Mitgefühls besitzt, wird niemals zynisch oder missbilligend sein oder unbedacht ein grausames Urteil über seine Mitmenschen sprechen. Denn mit seinem sanften Herzen ist er immer bei ihnen, sobald sie Schmerzen verspüren.

Um diese reife Form des Mitgefühls zu erreichen, muss man viel geliebt und viel gelitten haben. Das Mitgefühl entspringt tiefen Erfahrungen. Aus dem Herzen eines solchen Menschen wurde jede Selbstüberschätzung, Gedankenlosigkeit und Selbstsucht ausgebrannt. Kein Mensch kann wirklich wissen, was Mitgefühl ist, wenn er nicht die Bedeutung der Worte kennt: „Verachtet war er und von den Menschen verlassen; ein Mann der Schmerzen, vertraut mit Krankheit“. Man muss aber das Leid und die Trauer überwunden haben. Sie müssen sich in feste Güte und gewohnheitsmäßige Ruhe verwandelt haben.

Wenn man also viel erleiden musste und das Leid bereits Vergangenheit ist, bleibt eine spezielle Form von Weisheit zurück.

Man kann dieses Leid verstehen und weiß, mit ihm umzugehen. Man tut es aus reinem Mitgefühl. Man wird zu einem Ort der Ruhe und der Heilung für diejenigen, die von genau dem Leid heimgesucht werden, das man selbst erlitten und überwunden hat. So wie eine Mutter den Schmerz ihres Kindes fühlt, fühlt der mitfühlende Mensch den Schmerz seines Gegenübers.

Das ist die höchste und heiligste Form des Mitgefühls. Aber eine schwächere Form von Mitgefühl ist auch schon eine großartige Kraft für das Gute. Die Welt braucht jeden Tag ein wenig von dieser Kraft. Mit Freude erkennt man, dass es in allen sozialen Schichten wirklich mitfühlende Menschen gibt, aber man sieht auch, dass Härte, Groll und Bosheit weit verbreitet sind. Man sollte sich immer vor Augen führen, dass diese harten Wesenszüge ihr eigenes Leid bergen. Es gibt Menschen, die allein wegen ihrer Härte beruflich oder geschäftlich scheitern. Ein Mann, der feurig und nachtragend ist oder der hart, kalt und kalkulierend ist und dessen Quell des Mitgefühls bereits versiegt ist, wird es am Ende schwierig finden, dem eigenen Untergang zu entkommen, egal wie fähig er auch sein mag. Seine hitzige Feindschaft im einen Fall und seine kalte Boshaftigkeit im anderen werden ihn Stück für Stück von seinen Mitmenschen isolieren. Das gilt im Privaten wie auch im Beruflichen. Am Ende werden die Elemente, die den Reichtum erst ermöglicht haben, aus seinem Leben getilgt und er bleibt einsam, gescheitert und womöglich ohne jede Hoffnung zurück.

Sogar bei gewöhnlichen Geschäftsvorgängen ist das Mitgefühl ein wichtiger Faktor, denn die Leute werden immer von denen angezogen, die nett und liebenswürdig sind und nicht von den harten und abweisenden Menschen. In allen Bereichen, wo der direkte persönliche Kontakt eine wichtige Rolle spielt, wird der mitfühlende Mensch mit durchschnittlichen Fähigkeiten immer dem Menschen einen Schritt voraus sein, der zwar fähiger, dafür aber auch verständnisloser ist.

Der Ruf eines Geistlichen oder eines Predigers kann durch ein bösartiges Lachen oder einen unfreundlichen Satz nachhaltig beschädigt werden. Denn sogar wenn man seine guten Qualitäten zu schätzen weiß, wird man ihn wegen seiner unfreundlichen Art unbewusst weniger wertschätzen.

Von einer religiösen Geschäftsfrau werden die Leute verlangen, dass sich der gute Einfluss ihrer Religion auf ihre Geschäftspraktiken auswirkt. Am Sonntag eine Anhängerin des sanften Jesus zu spielen und dann den Rest der Woche eine harte, habgierige Verehrerin des Mammon zu sein, wird dem Geschäft schaden und die Aussicht auf Reichtum erheblich trüben.

Mitgefühl ist eine universelle und spirituelle Sprache, die alle Wesen, sogar die Tiere, instinktiv verstehen und wertschätzen. Alle Geschöpfe und Kreaturen sind dem Leid ausgesetzt und weil sie durch diese schmerzlichen Erfahrungen miteinander verbunden sind, finden sie zu diesem gemeinsamen Gefühl, das wir Mitgefühl nennen.

Der Egoismus treibt die Menschen dazu an, sich selbst auf Kosten anderer zu beschützen. Mitgefühl auf der anderen Seite treibt die Menschen dazu an, andere auf eigene Kosten zu beschützen. In dieser Selbstaufgabe verbirgt sich jedoch kein finaler oder realer Verlust, denn während die Freuden des Egoismus wenige und von minderer Natur sind, sind die Segnungen des Mitgefühls groß und zahlreich.

Es stellt sich die Frage: „Wie soll es für einen Geschäftsmann oder eine Geschäftsfrau, dessen oder deren Ziel die Entwicklung des eigenen Geschäfts ist, möglich sein, sich für andere aufzuopfern?“ Ein Mensch kann selbstlos sein, egal wie die Umstände sind. Es ist eine Ausrede zu behaupten, man könne eine Tugend nicht ausleben, weil die Umstände es nicht erlauben würden. Diese Ausrede könnte man nämlich immer geltend machen. Gewissenhaftigkeit und Fleiß innerhalb der Geschäftswelt sind nicht inkompatibel mit Selbstlosigkeit. Hingabe zum Dienst, selbst wenn es den Handel betrifft, ist nicht egoistisch. Es kann auch eine uneigennützige Aufopferung sein. Ich kenne einen Geschäftsmann, den ein Konkurrent einst aus dem Geschäft drängen wollte. Der Konkurrent scheiterte jedoch mit seinem Vorhaben und drängte sich stattdessen selbst aus dem Geschäft. Der siegreiche Geschäftsmann half unterdessen dem unterlegenen Geschäftsmann wieder auf die Beine. Das ist ein wahrer Akt der Selbstlosigkeit. Dieser selbstlose Geschäftsmann ist heute übrigens einer der erfolgreichsten und wohlhabendsten Geschäftsmänner, die ich kenne.

Der reichste Händler, den ich je kannte, war ein unglaublich freundlicher und gutherziger Mann. Er nutzte keine einzige unlautere Geschäftspraktik. Deswegen gewann er schnell überall neue Freunde hinzu. Die Leute waren froh, ihn in ihren Büros, Geschäften oder Betrieben empfangen zu dürfen. Es war nicht nur wegen des guten und erbauenden Einflusses, den er auf sie ausübte, sondern auch weil dessen Geschäftsmethoden vertrauenswürdig und solide waren. Dieser Mann war einzig und allein aufgrund seines Mitgefühls erfolgreich. Man sieht, Mitgefühl wird dem Erfolg nie im Wege stehen. Egoismus schadet und zerstört hingegen den Erfolg. Deswegen gilt, je entgegenkommender man ist, desto erfolgreicher wird man. Alle Interessen sind wechselseitiger Art; sie stehen oder fallen miteinander. Während das Mitgefühl das Herz vergrößert, vergrößert es zugleich dessen Einflussbereich. Im Zuge dessen werden wir reichlich mit materiellen sowie geistigen Geschenken gesegnet.

Vier Eigenschaften machen die großartige Tugend des Mitgefühls aus, nämlich:

1. Güte
2. Großzügigkeit

3. Sanftmut
4. Einsicht

Güte, wenn sie denn ganz entwickelt ist, ist kein vorübergehender Impuls, sondern eine permanente Eigenschaft. Ein periodischer und unzuverlässiger Impuls hat mit Güte nichts zu tun, auch wenn das ganze oft genug so genannt wird. Ein Lob hat nichts zu bedeuten, wenn es daraufhin zu einer Misshandlung kommt. Die Liebe, welche einen spontanen Kuss anregt, hat wenig zu bedeuten, wenn sie mit spontaner Tücke in Verbindung gebracht wird. Das Geschenk, das so gütig schien, wird seinen Wert verlieren, wenn der Schenker gleich im Anschluss den gleichen Gegenwert zurückerhalten will. Es zeugt von charakterlicher Schwäche, wenn dich deine Gefühle aufgrund eines äußeren Anlasses dazu bringen, zu einer Person nett zu sein, um im nächsten Moment bei einem anderen Anlass das Gegenteil zu empfinden. Wahre Gutmütigkeit ist unveränderbar und sie braucht keinen äußeren Stimulus, um sie in Gang zu bringen. Sie ist eine Quelle, von der durstige Seelen immer trinken können. Sie erlöscht nie. Wenn die Güte stark ausgeprägt ist, wird sie nicht nur denen zuteil, die unser Wohlwollen wecken, sondern auch denen, die tun, was unseren Wünschen und unserem Willen zuwiderläuft. Die Güte ist konstant und ihr wärmendes Glühen variiert nicht.

Es gibt Handlungen, die der Mensch bereut, und all diese Handlungen sind liebloser Art. Es gibt andere Handlungen, die der Mensch nie bereut, und das sind Handlungen gütiger Art. Es kommt der Tag, an dem der Mensch seine bösartigen Handlungen und Worte bereut. Aber auf gute Worte und Taten folgen stets glückliche Tage.

Lieblosigkeit verunstaltet den Charakter eines Menschen und im Lauf der Zeit verunstaltet sie auch sein Gesicht sowie den Erfolg, den er hätte haben können. Güte verschönert dagegen den

Charakter wie auch das Gesicht des Menschen im Laufe der Jahre. Die Güte erlaubt es ihm, seinen Erfolg zu perfektionieren, zu dem ihn seine intellektuellen Fähigkeiten berufen. Der Erfolg eines Menschen wird reifer und reicher durch ein gütiges Gemüt.

Großzügigkeit geht mit einem vergrößerten Herzen einher. Wenn die Güte die sanfte Schwester ist, dann ist die Großmütigkeit der starke Bruder. Ein freier, offenherziger und großmütiger Charakter ist immer attraktiv und einflussreich. Kleinlichkeiten und Gemeinheiten wirken abstoßend. Sie sind dunkel, eng, verkrampft und kalt. Güte und Großmütigkeit sind ansteckend. Sie sie sonnig, belebend, offen und warm. Was abstoßend wirkt, erzeugt Isolation und verursacht Scheitern. Was anzieht, erzeugt Einigkeit und Erfolg.

Geben ist genauso wichtig wie Nehmen. Wer sich alles nimmt, was er haben kann, aber sich weigert zu geben, wird am Ende nichts mehr bekommen. Denn es ist ein spirituelles Gesetz, dass wir nichts bekommen können, ohne etwas zu geben. Es ist aber auch ein Gesetz, dass wir nicht geben können, ohne zu bekommen.

All die großen und wichtigen religiösen Lehrer haben das Geben zu einer Pflicht ernannt. Das hat damit zu tun, dass das Geben eine Schnellstraße zum persönlichen Wachstum und Fortschritt ist. Es ist ein Mittel, durch das wir immer selbstloser werden und das verhindert, dass wir dem Egoismus verfallen. Es impliziert, dass wir unsere spirituelle und soziale Verwandtschaft zu unseren Mitmenschen erkennen und dass wir bereit sind, einen Teil dessen, was wir besitzen, freiwillig aufzugeben. Denn ein Mensch, der je mehr er bekommt, desto mehr Hunger entwickelt und sich weigert, den Griff auf seine Einnahmequelle zu lockern, erinnert an ein wildes Biest, das sich an seiner Beute festgebissen hat. Dieser Mensch ist rückständig. Er verschließt sich vor den höheren Freuden. Er verschließt sich vor einer Vereinigung mit uneigennützigen und glücklichen Herzen. Mr. Scrooge aus der

Weihnachtsgeschichte von Charles Dickens porträtiert den Charakter eines solchen Menschen auf lebhafte und dramatische Weise.

Bei den Persönlichkeiten des öffentlichen Lebens haben wir es fast ausschließlich mit großen Gebern zu tun (Bisher habe ich zumindest noch keine Ausnahme zu dieser Regel kennengelernt). Zu diesen Leuten zählen unsere Oberbürgermeister, Bürgermeister, Richter, Stadt- und Gemeinderäte wie auch alle anderen Persönlichkeiten des öffentlichen Lebens. Weil diese Männer und Frauen ihr eigenes Leben erfolgreich in den Griff bekommen, sind sie die besten Kandidaten, wenn es darum geht, die öffentlichen Angelegenheiten zu handhaben. Im ganzen Land dienen unzählige großartige Institutionen als ständige Zeugen für deren großzügige Spendenbereitschaft. Zudem konnte ich keine tiefere Wahrheit in der Anschuldigung finden, die allzu oft von erfolglosen und neidischen Zeitgenossen gegen diese Menschen erhoben wird, wonach ihre Reichtümer auf unehrliche Art und Weise angehäuft wurden. Auch wenn diese Klasse von Menschen nicht perfekt ist, haben wir es dennoch mit ehrenhaften, energischen, großmütigen und erfolgreichen Menschen zu tun, die ihren Reichtum und ihren ehrenwerten Ruf durch Fleiß, Können und Aufrichtigkeit erlangt haben.

Hüte dich vor Gier, Bosheit, Neid, Eifersucht und Argwohn. Denn wenn du diese Laster kultivierst, werden sie dir das Beste nehmen, was das Leben zu bieten hat. Zum Besten im Leben gehören das persönliche Glück und Charakter sowie die materiellen Dinge. Der Mensch soll freizügig und großzügig sein, wenn es um Herzensangelegenheiten geht. Er soll großmütig sein und Vertrauen haben und nicht nur gerne, sondern auch viel von sich selbst geben. Dazu gehört es außerdem, seinen Freunden und Mitmenschen die Freiheit zu geben, zu tun und zu denken, was immer sie wollen. Wenn er so ist, dann werden Ehre, Überfluss und Reichtum an seine Tür klopfen und ihn darum bitten, bei ihm Gast sein zu dürfen.

Sanftmut ist die Schwester der Göttlichkeit. Vielleicht ist keine andere Eigenschaft so weit entfernt von allem, was roh, brutal und egoistisch ist, wie die Sanftmut. Wer sanft wird, der wird somit göttlich. Sie kann nur durch viel Erfahrung erlangt werden und verlangt nach viel Selbstdisziplin. Sie findet nur dann Einlass ins Herz eines Menschen, wenn er seine tierische Stimme unter Kontrolle gebracht hat und diese ihm gehorcht. Er muss ein strenges, deutliches und ruhiges Zwiegespräch führen und sich von Erregtheit, Vehemenz und Missgunst befreien, selbst wenn die Umstände besonders schwierig sind.

Sollte es eine Qualität geben, die einen religiösen Menschen besonders auszeichnet, dann sollte dies die Sanftmut sein. Sanftmut ist der Gütestempel spiritueller Hochkultur. Der grobe und aggressive Mensch ist ein Affront gegen den kultivierten Geist und das selbstlose Herz. Unser Begriff des Gentleman ist nicht weit entfernt von seiner ursprünglichen Bedeutung. Er wird immer noch benutzt, um jemanden zu beschreiben, der bescheiden und selbstbeherrscht ist und die Gefühle anderer sowie deren Wohlergehen berücksichtigt. Ein sanfter Mensch, dessen gutes Benehmen von Rücksichtnahme und Güte geleitet ist, ist immer beliebt, egal von wo er stammt. Streitsüchtige Menschen tragen ihr Gezänk und ihre Vorwürfe offen zur Schau und offenbaren dadurch ihre Ignoranz und Kulturlosigkeit. Der Mensch hingegen, der die Sanftmut perfektioniert hat, streitet nie. Er erwidert niemals ein schlechtes Wort. Er lässt die Sache ruhen oder hat ein sanftes Wort übrig, was stets mächtiger ist als der Zorn. Die Sanftmut ist eng verbunden mit der Weisheit. Der weise Mensch hat jede Wut in seinem Inneren überwunden und versteht dadurch, wie er anderen helfen kann, sie zu überwinden. Der Gentleman ist frei vom Tumult und den Störungen, die den unkontrollierten

Menschen heimsuchen. Während diese sich mit verschwenderischem und unnötigem Stress plagen, ist er ruhig und beherrscht. Eine solche Ruhe und Beherrschung sind starke Waffen im Kampf des Lebens.

Einsicht ist ein Geschenk des Mitgefühls. Der mitfühlende Geist ist von tiefer Erkenntnis geprägt. Wir verstehen die Welt mittels unserer Erfahrungen und nicht anhand von Argumenten. Bevor wir etwas oder jemanden verstehen können, muss unser Leben mit dessen Leben oder Sein in Berührung kommen. Argumente analysieren die Haut, aber das Mitgefühl erreicht das Herz. Der Zyniker sieht den Hut und den Mantel und denkt, er erkenne den Menschen. Der mitfühlende Seher hingegen sieht den Mann und kümmert sich nicht um dessen Hut und Mantel. Bei allen Formen von Hass kommt es zu einer Trennung, wodurch die Betroffenen das Gegenüber falsch einschätzen. Bei der Liebe kommt es zu einer mystischen Vereinigung, wodurch jeder den jeweils anderen erkennt. Im Poeten manifestiert sich die reinste Form der Liebe, nämlich das Mitgefühl. In der gesamten Literatur gibt es keinen, der ein tieferes Wissen um das menschliche Herz oder über die Beschaffenheit der lebendigen und toten Welt haben könnte. Shakespeares Person lässt sich nicht in seinen Werken finden, vielmehr verschmilzt er durch sein Mitgefühl mit seinen Charakteren. Der Weise und der Verrückte, der Philosoph und der Tor, der Trunkenbold und die Hure – Shakespeare kennt sie alle besser als sie sich selbst. Sie waren Teil seiner Erfahrungswelt. Shakespeare ist weder voreingenommen noch befangen. Sein Mitgefühl erfasst sie alle, egal wie tief oder hoch sie in den Augen der Gesellschaft stehen mögen.

Unsere Vorurteile sind das größte Hindernis auf unserem Weg zu mehr Mitgefühl und Wissen. Es ist unmöglich, diejenigen zu verstehen, gegen die wir Vorurteile hegen. Wir sehen die Menschen und die Dinge nur, wie sie wirklich sind, wenn wir unseren

Verstand von partiellen Vorurteilen befreien. Während wir zu mitfühlenden Personen heranwachsen, entwickeln wir uns zu Sehern, denn das Mitgefühl schenkt seinem Begleiter Wissen.

Das fühlende Herz und das sehende Auge sind unzertrennlich miteinander verbunden. Der Mensch des Mitleids ist der Mensch der Prophetie. Der Mann, dessen Herz in Einklang mit allen Herzen schlägt, dem wird der Inhalt eines jeden Herzens offenbart. Auch die Vergangenheit und die Zukunft sind für den mitfühlenden Menschen kein Mysterium mehr. Dank seiner Fähigkeit zur moralischen Einsicht erkennt er den perfekten Kreis des menschlichen Lebens.

Vom Mitgefühl geprägte Einsichten erheben den Menschen ins Bewusstsein der Freiheit, der Freude und der Macht. Dieser Geist inhaliert die Freude so wie seine Lungen die Luft. Er hat nicht länger Angst vor seinen Mitmenschen, weil er sie nicht länger als Konkurrenten, Feinde, Probleme oder dergleichen wahrnimmt. All diese kriecherisch Illusionen sind verschwunden. Vor seinen erwachten Augen eröffnet sich ein großartiges und erhabenes Königreich.

7.

Die Sechste Säule

– Aufrichtigkeit –

Die Aufrichtigkeit hält eine Gesellschaft zusammen. Universelle Falschheit würde universelles Misstrauen verursachen, welche wiederum universelle Trennung mit sich bringen würde. Vielleicht würde sie sogar unsere Zerstörung bedeuten. Das Leben wird erst durch unseren tief verwurzelten Glauben ineinander geistig gesund, förderlich und glücklich. Würden wir den Menschen nicht trauen, könnten wir keine Geschäfte mit ihnen abschließen. Wir könnten nicht einmal miteinander verkehren. Shakespeares „Timon" zeigt uns eindrucksvoll den erbärmlichen Zustand, in dem sich ein Mann befindet, nachdem er durch seine eigene Torheit sein ganzes Vertrauen in die Aufrichtigkeit der menschlichen Natur verloren hat. Er sagt sich los von der Gesellschaft und begeht am Ende sogar Selbstmord. Auch Emerson warnt uns davor, dass die Gesellschaft sich in ihre Einzelteile zerlegen würde, wenn unser System des gegenseitigen Vertrauens dem Handelsverkehr entzogen werden würde. Das System ist ein Indiz für das universelle Vertrauen, das die Menschen einander schenken. Die Kurzsichtigen und die Narren unter uns denken im Allgemeinen, dass das Geschäftsleben von Betrug und Schwindel geprägt ist. In Wirklichkeit basiert es jedoch auf gegenseitigem Vertrauen. Man vertraut darauf, dass alle Beteiligten zusammentreffen, um ihren Verpflichtungen nachzukommen. Nach der Bezahlung wird erst gefragt, wenn die Ware bereits ausgeliefert wurde. Und weil das System schon so unglaublich lange in Kraft ist, haben wir den Beweis vorliegen, dass die meisten Menschen ihrer Schuld nachkommen und gar nicht den Wunsch hegen, ihre Zahlungen zu vermeiden.

Von allen Defiziten abgesehen, ruht die menschliche Gesellschaft auf einem starken Fundament. Dieses Fundament ist die Aufrichtigkeit. Die großen Führer sind allesamt Menschen von herausragender Aufrichtigkeit und deren Namen und Errungenschaften werden niemals vergehen. Das beweist, dass die Tugend der Aufrichtigkeit von allen Völkern der Erde immer in Ehren gehalten wird.

Den Unaufrichtigen fällt es leicht, sich vorzustellen, jeder sei wie sie. Von der „Fäulnis in der Gesellschaft" zu sprechen, geht ihnen leicht über die Lippen. Bleibt die Frage, wie sollte es einem faulen Körper möglich sein, Jahrzehnte lang weiterleben zu können? Aber für den Gelbsüchtigen ist nun einmal alles gelb. Menschen, die nichts Gutes im gesellschaftlichen Zusammenschluss erkennen können, sollten ihr Gesellschaftsbild daher unbedingt generalüberholen. Ihr Problem ist hausgemachter Art. Sie sehen im Guten das Böse. Sie haben nämlich so lange über das Böse nachgedacht, bis sie das Gute nicht mehr sehen konnten und jetzt erscheint jeder und alles nur noch als böse. „Die Gesellschaft ist marode von oben bis unten", hörte ich vor kurzem einen Mann sagen. Dann fragte er mich allen Ernstes, ob ich es genauso sehe wie er. Ich antwortete ihm, dass es mir sehr Leid tun würde, sollte ich die Dinge so sehen wie er, denn die Gesellschaft sei ihrem Kern nach gesund. Auch wenn sie viele Makel aufzuweisen habe, trage sie dennoch die Saat der Perfektion in sich.

Tatsächlich ist die Gesellschaft so solide, dass der Mensch, der nur an sich selbst denkt, nicht für lange gedeihen und nirgends lange Einfluss ausüben kann. Rasch wird er demaskiert. Aber dass ein Mensch kurzzeitig auf die Gutgläubigkeit der Menschen setzen kann, sagt alles über das Vertrauen aus, das die Menschen ineinander haben - selbst wenn ein Mangel an Weisheit offenbart wurde.

Ein fähiger Bühnenschauspieler wird bewundert, aber der Schauspieler auf der Bühne des Lebens setzt sich bloß dem Spott und der Schande aus. Weil er versucht etwas zu sein, was er nicht ist, erscheint er charakterlos. Am Ende wird er jeglichen Einfluss, seine Macht und seinen ganzen Erfolg einbüßen.

Ein Mensch von großer Aufrichtigkeit stellt eine große moralische Macht dar und es gibt keine Macht – nicht einmal die größte intellektuelle Macht – die sich mit dieser Macht messen könnte. Der Einfluss eines Menschen hängt immer von seiner Aufrichtigkeit ab. Moralität und Aufrichtigkeit sind so eng miteinander verbunden, dass dort ein Mangel an Moralität herrscht, wo es an Aufrichtigkeit mangelt. Die Unaufrichtigkeit unterminiert alle anderen Tugenden, sodass diese zerbröckeln und bedeutungslos werden. Sogar ein wenig Unaufrichtigkeit beraubt den Charakter all seiner Pracht und macht ihn gewöhnlich und verachtenswert. Die Falschheit ist ein verachtenswertes Laster und kein Mensch mit moralischer Autorität kann es sich leisten, seine Zeit mit schönen Komplimenten zu vergeuden oder den Narren zu mimen, um anderen zu gefallen. Denn dann ist er nicht mehr stark und bewundernswert, sondern gleicht einem seichten Schwächling, dessen Geist keine tiefe Quelle besitzt, aus der andere Menschen schöpfen könnten. Es gibt keinen Grund, einen solchen Menschen zu verehren.

Sogar diejenigen, welche für eine Weile geschmeichelt sind von den Lügen oder sich über den flink gestrickten Betrug freuen, werden sich nicht für immer täuschen lassen. Illusionen bleiben Illusionen.

„Ich bin sehr froh über seine Aufmerksamkeiten", sagte einst eine Bekannte zu mir, „aber ich würde ihn nie heiraten." „Wieso denn nicht?“, fragte ich. „Er klingt einfach nicht glaubhaft“, lautete ihre simple Antwort.

So steht es um den Menschen. Seine Worte und Handlungen verbreiten einen sonderbaren Einfluss. Ein unhörbares Geräusch steckt in ihm, das alle anderen Menschen innerlich hören und instinktiv erkennen können. Sie können den falschen Ton vom echten unterscheiden, können aber nicht sagen, wie sie es machen. So wie das äußere Ohr selbst feinste Unterschiede zwischen Geräuschen ausmachen kann, so kann auch das innere Ohr subtile Unterschiede in der Seele ausmachen. Am Ende wird niemand betrogen außer dem Betrüger. Es gehört zur blinden Torheit unehrlicher Menschen, dass sie niemanden außer sich selbst betrügen, während sie sich über ihr scheinbar erfolgreiches Schauspiel freuen. Ihre Handlungen werden von den Herzen demaskiert. Im Menschen tagt ein Tribunal, dessen Urteilsvermögen sich nicht täuschen lässt. Diese innere Unfehlbarkeit wird im kollektiven Urteil des Volkes sichtbar. Dieses Urteil ist perfekt, sogar so perfekt, dass es in allen Wissensgebieten, ob nun in der Literatur, der Kunst, der Wissenschaft, der Technik, der Religion – einfach auf jedem Wissensgebiet – das Gute vom Schlechten trennen kann, das Wertvolle vom Wertlosen und das Wahre vom Falschen. Das Wahre wird emsig bewacht, während das Falsche dem Untergang übergeben wird. Die Worte, Werke und Taten großer Menschen sind die Erbstücke eines Volks und das Volk ist nicht achtlos, was deren Wert betrifft. Tausend Menschen schreiben ein Buch und nur eines davon ist ein wirklich geniales Werk. Trotzdem schafft das Volk es, dieses eine Buch herauszufiltern. Es erhöht und bewahrt dieses Buch, während es die anderen 999 Bücher dem Vergessen überlässt. Zehntausend Menschen sagen unter vergleichbaren Umständen einen Satz, aber nur bei einem dieser Sätze handelt es sich um einen Satz, der von göttlicher Weisheit inspiriert ist. Nichtsdestotrotz filtert die

Masse diesen einen Spruch heraus, damit er der Nachwelt erhalten bleibt. Die anderen Sätze hingegen werden nie wieder vernommen. Es stimmt, das Volk erschlägt seine Propheten. Doch dient dieses Erschlagen als Test, der den wahren Klang hörbar macht. Der Erschlagene erfüllt den Standard und dass er erschlagen wurde, wird zum unwiderlegbaren Beweis seiner Größe.

Während die Silbermünze unter den Menschen frei verkehrt und man ihren Wert zu schätzen weiß, wird das Falschgeld entlarvt und zurück in den Schmelztiegel geworfen. Genauso ergeht es dem falschen Wort, der falschen Tat und dem falschen Charakter - alles Falsche wird dahin geworfen, wo es herkam, zurück ins Nichts. Das Falsche ist unecht, kraftlos, tot.

Das Falsche hat keinerlei wert, ob es sich dabei um Gegenstände oder um Menschen handelt. Wir schämen uns für Imitationen, die versuchen, sich als das Original auszugeben. Der Maskierte wird zur Plattitüde. Er ist geringer als ein Mensch. Er ist ein Schatten, ein Gespenst, eine bloße Maske. Die Wahrheit ist wertvoll. Der aufrichtige Mensch wird zum Vorbild. Er ist mehr als nur ein gewöhnlicher Mensch. Er ist eine Realität, eine Kraft, eine Gussform. Die Falschheit zerstört alles. Sogar die Individualität geht durch sie verloren, denn die Falschheit ist nichts. Durch die Wahrheit hingegen wird alles erreicht, denn die Wahrheit ist fest, ewig und real.

Wir müssen echt sein, komme was wolle. Wir dürfen nie den Wunsch hegen, anders zu erscheinen, als wir wirklich sind. Wir dürfen die Tugend nicht bloß simulieren, Erstklassigkeit nicht bloß vortäuschen und unter keinen Umständen eine falsche Maske anlegen. Der Scheinheilige denkt, er könne die Welt und ihr ewiges Gesetz hintergehen. Es gibt allerdings nur eine einzige Person, die er dabei täuscht und die ist er selbst. Für dieses Vergehen spricht die Welt das einzig richtige Urteil. Es gibt da eine alte Theorie, wonach der exzessiv sündhafte Mensch vernichtet wird.

Ich denke, dass das Schicksal eines Betrügers am nächsten an das herankommt, was wir als Vernichtung bezeichnen. In gewisser Hinsicht existiert dieser Mensch ja nicht mehr. Der Platz, den er ausfüllt, ist allenfalls ein Trugbild. Er ist hinabgestiegen in die Hölle der Vernichtung, vor der sich so viele von uns fürchten. Wer annimmt, dass so jemand erfolgreich sein könnte, könnte genauso gut auf die Idee kommen, dass ein Schatten die Arbeit eines echten Menschen schaffen könnte.

Solltest du auf jemanden treffen, der glaubt, er könne eine erfolgreiche Karriere mittels Schein und Betrug aufbauen, so lass ihm einen Moment der Ruhe, ehe er zum Schatten wird und im Abgrund versinkt. Denn in der Unaufrichtigkeit gibt es keinen stabilen Boden, keine Substanz, keine Realität. Da ist nichts, worauf irgendetwas stehen könnte und keine Materie, mit der man bauen könnte. Dort gibt es nur Einsamkeit, Armut, Schande, Verwirrung, Angst, Verdächtigungen, Tränen, Geächze und Wehklagen. Wenn es eine Hölle gibt, die tiefer ist als alle anderen, dann ist das die Hölle der Unaufrichtigkeit.

Vier wundervolle Wesensarten zieren den Geist des aufrichtigen Menschen. Es sind die folgenden:

1. Einfachheit
2. Anziehungskraft
3. Durchdringung
4. Macht

Einfachheit ist Natürlichkeit. Es ist das einfache Sein ohne falschen oder fremden Schmuck. Warum ist alles in der Natur so schön? Weil es ganz einfach natürlich ist. Wir sehen die Dinge, wie sie sind und nicht als das, was sie gerne wären. Natürlichkeit wünscht sich nicht, anders zu erscheinen. Es gibt außerhalb von der Welt des Menschen keinen Schwindel in der Natur.

Es halt ein sozialer Ruf durch die Welt und der lautet: „Zurück zur Natur!“ Damit meint man für gewöhnlich eine Hütte auf dem Land und ein Stück Land, das man kultivieren kann. Es wird aber recht wenig bringen, wenn wir aufs Land ziehen und unseren Schwindel dorthin mitbringen. Jegliche Verblendung kann auch da abgewaschen werden, wo wir gerade sind. Es ist schön und gut, dass diejenigen, welche die Konventionen der Gesellschaft als eine Bürde betrachten, aufs Land flüchten, um dort die Ruhe der Natur zu preisen. Aber diese Bewegung wird scheitern, wenn sie versucht die innere Erlösung zu umgehen, die uns mit dem Einfachen und dem Wahren versöhnen will.

Obwohl die Menschheit die natürliche Einfachheit der Tierwelt hinter sich gelassen hat, steuert sie auf eine höhere, eine göttliche Einfachheit zu. Unsere Genies sind, was sie sind, aufgrund ihrer spontanen Einfachheit. Sie verstellen sich nicht, sie *sind* einfach. Geringere als sie studieren Stil und Effekt. Sie wollen auf der Bühne der Welt Eindruck hinterlassen und aufgrund dieses unheiligen Wunschs sind sie zur Mittelmäßigkeit verdammt. Neulich sagte jemand zu mir: „Ich würde 20 Jahre meines Lebens dafür geben, eine unsterbliche Hymne schreiben zu können.“ Mit so einer Einstellung kann man keine Hymne schreiben. Wer so denkt, will nur angeben. Dieser Mann dachte bloß an sich selbst und an seinen eigenen Ruhm. Bevor man dazu in der Lage ist, eine unsterbliche Hymne zu schreiben oder irgendein anderes unsterbliches Werk zu erschaffen, muss man nicht 20 Jahre seines Lebens in seine Ambitionen investiert haben. Vielmehr muss man darüber schreiben, malen und singen, was man aus zehntausend bitteren Erfahrungen, zehntausend Niederlagen, zehntausend Siegen und zehntausend Momenten des Glücks gelernt hat. Man muss Getsemani kennen. Man muss mit seinen Tränen und seinem Blut arbeiten.

Durch das Zurückhalten der eigenen intellektuellen und moralischen Kräfte und dadurch, dass man zur Einfachheit findet, wird man groß. Man verliert nichts Reales bei diesem Vorgang. Es werden lediglich die Schwindler zur Seite geräumt, was wiederum das wahre charakterliche Gold zum Vorschein bringt. Wo Aufrichtigkeit herrscht, findet sich auch immer das Einfache. Es ist dieselbe Einfachheit, welche wir in der Natur finden. Hierbei handelt es sich um die Einfachheit der Wahrheit.

Anziehungskraft ist das direkte Ergebnis von Einfachheit. Das kann anhand von der Anziehungskraft natürlicher Objekte beobachtet werden, worauf ich schon hingewiesen habe. In der menschlichen Natur manifestiert sich diese Kraft in Form persönlichen Einflusses. In den letzten Jahren haben sich recht viele Pseudomystiker hervorgetan, die versprachen, für ein paar Dollar das Geheimnis der „Persönlichen Anziehungskraft" zu verkaufen. Diese Leute behaupten, ihren eingebildeten Lesern zeigen zu können, wie sie sich angeblich mithilfe okkulter Praktiken für andere Menschen attraktiver machen könnten. Sie wollen der Welt weismachen, dass man Anziehungskraft kaufen und verkaufen könne und sie an und ablegen könne, so wie man Puder und Farbe ins Gesicht schmiert. Es ist mehr als unwahrscheinlich, dass Menschen, die bestrebt sind, als anziehend angesehen zu werden, diese Wirkung letzten Endes auch entfalten, und zwar weil ihnen ihre eigene Eitelkeit im Weg steht. Das bloße Verlangen, als attraktiv zu gelten, stellt strenggenommen schon einen Täuschungsversuch dar und wird zu einer Vielzahl an weiteren Täuschungsversuchen führen. Diesen Leuten ist völlig bewusst, dass sie keine echte charakterliche Anziehungskraft besitzen, wieso sie ja auf der Suche nach Ersatz sind. Aber es gibt kein Ersatzmittel für die Schönheit des Geistes und die Stärke des Charakters. Bei der Anziehungskraft verhält es sich haargenau wie beim Genie: Sie geht verloren, sobald man sie begehrt. Nur derjenige kann sie besitzen, dessen Charakter zu fest und zu aufrichtig ist, um die Anziehungskraft zu begehren. In der menschlichen Natur gibt es nichts – weder Talent noch Intellekt noch Wohlwollen noch körperliche Schönheit – was sich mit der Anziehungskraft eines aufrichtigen Herzens und Verstandes messen könnte. Aufrichtigen Männern und Frauen ist ein ewiger Charme zu eigen. In ihrer Nähe finden sich stets die besten Vertreter unserer Art. Es kann neben der Aufrichtigkeit keinerlei persönlichen Charme geben. Es mag zu einer Art Vernarrtheit kommen, aber diese stellt leider bloß eine Art von Krankheit dar. Sie ist von Grund auf anders als die unauflösliche Bande, welche aufrichtige Menschen miteinander verbindet. Verliebtheit endet in schmerzlicher Desillusionierung. Aber da nichts zwischen zwei aufrichtigen Seelen stehen kann, weil sie auf dem solidem Untergrund der Realität stehen, gibt es keinerlei Illusion, die man an den Tag legen müsste.

Was unsere Anführer so anziehend für uns macht, ist ihre Aufrichtigkeit. Nur wer aufrichtig ist, kann die Führungsrolle beanspruchen. Der Intellekt ist nebensächlich. Der unaufrichtige Mensch kann eine Weile lang auf dem Strom der Popularität segeln und sich in Sicherheit wiegen. Allerdings wird es nicht lange dauern, bis er dem Hass der Masse zum Opfer fällt. Er kann die Leute mit seiner gestrichenen Fassade nicht lange hinters Licht führen. Sie werden bald schon hinter die Fassade blicken und erkennen, wie falsch er in Wirklichkeit ist. Es ist wie mit der dick geschminkten Frau. Sie denkt, man bewundere sie aufgrund ihres Aussehens. Dabei weiß jeder, dass es sich bloß um Farbe handelt, und lacht über sie. Sie hat einen einzigen Bewunderer, und zwar sich selbst. Wie alle unaufrichtigen Menschen engt sie sich selbst ein, ihre Selbstbewunderung wird zum Käfig.

Aufrichtige Menschen denken nicht über sich selbst nach, über ihre Talente, ihr Genie, ihre Tugenden, ihre Schönheit. Und weil sie so unbekümmert sind, was sie selbst betrifft, wirken sie auf jeden anziehend. Auf diese Art gewinnen sie deren Vertrauen, Achtung und Zuneigung.

Den Aufrichtigen unter uns ist eine Fähigkeit zuteil, die man als Durchdringung bezeichnen kann. Alle Schwindler werden durch sie demaskiert. Alle Simulanten werden unter dem suchenden Auge des aufrichtigen Menschen durchsichtig. Ein klarer Blick und er durchschaut alle fadenscheinigen Vortäuschungen. Gauner weichen unter dem durchdringenden Blick zurück und versuchen sich ihm zu entziehen. Derjenige, der sein Herz von aller Falschheit gereinigt hat, und nur noch das pflegt, was echt ist, hat die Kraft erlangt, auch in anderen Menschen das Falsche vom Wahren unterscheiden zu können. Demjenigen, der sich selbst nichts vormacht, kann man nichts vormachen.

So wie der Mensch, der die Natur betrachtet, die Schlange vom Vogel, dem Pferd, der Rose oder dem Baum unterscheiden kann, so kann der aufrichtige Mensch zwischen der Vielfalt von Charakteren unterscheiden. Er erkennt in einer Bewegung, einem Blick, einem Wort oder einer Handlung die Natur seines Gegenübers und handelt dementsprechend. Er ist auf der Hut, ohne misstrauisch zu sein. Er ist vorbereitet, auf den Schwindler zu treffen, ohne argwöhnisch zu sein. Er handelt also aufgrund positiven Wissens und nicht aufgrund negativen Argwohns. Menschen stehen ihm offen gegenüber und er liest ihr Innerstes. Sein durchdringendes Urteil stößt bis zum Kern einer Handlung vor. Sein direktes und unmissverständliches Verhalten stärkt in anderen das Gute und beschämt die Schlechten. Für diejenigen, die noch nicht dessen reifes Herz und dessen reifen Geist erlangt haben, ist er ein Stab der Stärke.

Macht basiert auf Durchdringung. Das Verständnis für die Natur einer Handlung wird begleitet von der Fähigkeit, mit jeder Handlung auf richtige und gute, sprich die beste Art umgehen zu können. Wissen ist Macht, doch das Wissen um die Natur einer

Handlung ist die größte Macht. Wer dieses Wissen besitzt, findet in allen Herzen Resonanz und verändert das Handeln der Menschen für immer. Lange nachdem er seine körperliche Präsenz abgelegt hat, bleibt er eine formende Kraft in der Welt. Er ist eine spirituelle Realität, die auf subtile Weise in den Köpfen der Menschen wirkt, diese formt und auf ein erhabenes Ziel ausrichtet. Zunächst wird seine Macht lokal beschränkt sein, aber der Kreis der Rechtschaffenheit, den er gezogen hat, wird sich immer weiter ausdehnen, bis er die ganze Welt umschließt und alle Menschen unter seinem Einfluss stehen.

Der aufrichtige Mensch drückt allem, was er tut, seinen Stempel auf und er beeinflusst damit die Menschen, mit denen er in Kontakt kommt. Er spricht mit gelehrter Zunge und seine Zuhörer reagieren begeistert. Er bleibt nicht lange ohne Einfluss. Einer redet mit dem anderen und schon hört eine verzweifelte Seele, die zehntausend Meilen weit weg ist, seine Worte und findet frischen Mut. Diese Macht stellt an sich einen reichen Schatz dar, dessen Wert in Münzen nicht aufzuwiegen ist. Geld kann nie den unbezahlbaren Wert eines aufrichtigen Charakters erkaufen. Hierzu braucht es Arbeit im richtigen Tun. Wer an sich selbst arbeitet, mit dem Ziel rechtschaffen zu sein, und wer seinem ganzen Wesen nach robust und seriös sein will, auf denjenigen warten einzigartiger Erfolg und seltene Macht.

So baut sich die starke Säule der Aufrichtigkeit auf. Wenn du sie zur Gänze errichtet hast, reicht ihre stützende Kraft aus, um den Tempel deines Reichtums abzusichern. Die Wände deines Tempels werden nicht nachgeben, sein Gebälk nicht verfaulen und sein Dach nicht einstürzen. Dein Tempel wird sicher stehen, während du lebst und noch über deinen Tod hinaus. Über Generationen hinweg wird dein Tempel anderen Menschen Schutz bieten können.

8.

Die Siebte Säule

– Objektivität –

Vorurteile loszuwerden, ist eine großartige Leistung, denn Vorurteile stellen dem Menschen unzählige Hindernisse in den Weg – Dinge, die dem Erfolg, der Gesundheit, dem Glück und dem Wohlstand im Wege stehen. Wer Vorurteile hat, läuft ständig gegen eingebildete Feinde an, die sich als Freunde entpuppen, wenn sie erst einmal aus dem Weg geschafft sind. Das Leben ist für den von Vorurteilen geplagten Menschen tatsächlich ein Hindernisrennen. Doch in diesem Rennen können die Hindernisse nicht überwunden und das Ziel nie erreicht werden. Für den unbefangenen Menschen dagegen ist das Leben ein regelrechter Spaziergang in der freien Natur, wo am Ende des Tages Erfrischungen und Ruhe auf ihn warten.

Um unbefangen zu werden, muss ein Mensch seinen Egoismus überwinden, der ihn davon abhält, irgendeine Sicht außerhalb der eigenen wahrnehmen zu können. Das ist eine wirklich schwierige Aufgabe. Aber deswegen ist sie auch so rühmlich. Man kann sie jederzeit in Angriff nehmen, obgleich man sie niemals beenden wird.

Es heißt, die Wahrheit könne „Berge versetzen" und Vorurteile sind eine Kette von mentalen Bergen, hinter die der Voreingenommene nicht blicken kann. Der voreingenommene Mensch zieht nicht einmal die Möglichkeit in Betracht, dass irgendetwas hinter diesen Bergen liegen könnte. Sind die Berge jedoch erst einmal verschoben, hat man freie Aussicht auf die unendliche Vielfalt, welche sich in einem einzigen glorreichen Bild aus Licht und Schatten, Farbe und Farbton dem frohen Auge offenbart.

Wie viel Freude man sich entgehen lässt, wie viele Freunde man opfert, wie viel Glück man zerstört und welche Möglichkeiten man ausschlägt, wenn man stur an seinen Vorurteilen festhält! Und doch ist das Freisein von Vorurteilen eine seltene Sache. Es gibt nur wenige Menschen, deren Sicht auf die Dinge nicht voreingenommen und befangen wäre. Man findet nur selten einen Menschen, der ein Thema objektiv von beiden Seiten aus betrachtet. Selten ist jemand bereit, die Fakten abzuwägen und die Beweise gegeneinander aufzuwiegen, um so zu einer wahren Einsicht auf die Dinge zu gelangen. Jeder befangene Mensch hat Gründe, die für ihn sprechen. Der befangene Mensch sucht allerdings nicht länger nach der Wahrheit, denn er glaubt, sie gefunden zu haben. Er behauptet schlicht und ergreifend, dass alles andere falsch sei. Er verteidigt seine eigene Sicht und er giert nach dem Sieg. Er versucht erst gar nicht, die Wahrheit mithilfe von kühlen Fakten und Argumenten zu finden, sondern verteidigt seine Position mehr oder weniger hitzig und aufgeregt.

Vorurteile machen, dass ein Mann einen Entschluss fasst, ohne die Faktenlage zu kennen. Außerdem weigert er sich, alles, was seiner Sichtweise widerspricht, überhaupt in Betracht zu ziehen. Vorurteile binden den Menschen an die Dunkelheit und ketten ihn an die Ignoranz. Sie verhindern die Entwicklung des Geistes hin zu einem edleren und höheren Sein. Mehr als das, er entzieht sich selbst der Gemeinschaft mit den besten Köpfen und sperrt sich ein in die dunkle und einsame Zelle seiner Egoismen.

Wer voreingenommen ist, verschließt seinen Geist vor neuem Licht, vor der Schönheit und vor der göttlichen Musik. Der befangene Mensch hält an seiner kleinen, flüchtigen und fadenscheinigen Meinung fest und glaubt allen Ernstes, sie sei das Größte auf der Welt. Er ist so verliebt in seine eigenen Schussfolgerungen (was eigentlich nur eine Art von Selbstliebe ist), dass er glaubt, alle müssten ihm zustimmen. Er erachtet die Menschen als mehr oder weniger dumm, wenn sie die Dinge nicht so sehen wie er, und die Menschen, die ihm zustimmen, lobt er als vernünftig. So ein Mensch kann kein Wissen erlangen und kann keine Wahrheiten erkennen. Er ist in einer Sphäre aus Meinungen gefangen (eine Sphäre aus von ihm selbst kreierten Illusionen), welche allerdings außerhalb des Reichs der Realität liegen. Er ist so verblendet und so vernarrt, dass er die gewöhnlichsten Fakten des Lebens nicht erkennen kann. Seine eigenen Theorien dagegen – die im Allgemeinen mehr oder weniger haltlos sind – nehmen in seinem Kopf überdimensional viel Platz ein. Naiv nimmt er an, dass die Dinge nur eine Seite hätten und dass diese Seite seine eigene sei. Dabei hat alles mindestens zwei Seiten und nur derjenige findet die Wahrheit, der beide Seiten überprüft, ruhig bleibt und nicht das Verlangen hat, eine Seite der anderen vorzuziehen.

Im Grunde genommen verhält es sich bei Kontroversen und Differenzen wie mit zwei Anwälten, die ein und denselben Fall verhandeln. Die Anklage präsentiert alle Fakten, die ihre Sicht der Dinge beweisen soll, während die Verteidigung dasselbe tut. Beide Seiten ignorieren, missachten oder spielen die Fakten des anderen herunter. In diesem Fall ist der Richter der objektiv denkende Mensch. Nachdem er sich alle Fakten von beiden Seiten angehört hat, vergleicht er sie miteinander und sichtet alles, um dann eine unbefangene Zusammenfassung im Sinne der Gerechtigkeit treffen zu können.

Es ist nicht so, dass diese universelle Spaltung eine schlechte Sache wäre. Es verhält sich wie mit allen anderen Extremen; die Natur reduziert die gegensätzlichen oder konkurrierenden Seiten, bis sich ein Gleichgewicht einstellt. Mehr noch, wir haben es hier mit einem evolutionären Faktor zu tun. Er regt Menschen zum Denken an, die noch nicht dazu in der Lage sind, ihre Gedanken dem freien Willen zu unterwerfen. Das ist eine notwendige Phase, die alle Menschen durchlaufen müssen. Aber bei dieser Phase handelt es sich nur um einen Nebenweg. Es ist ein verwinkelter, verwirrter und schmerzhafter Weg, der am Ende zur Schnellstraße Richtung Wahrheit führt. Der befangene Mensch sieht ein Stück der Wahrheit und denkt, es sei die gesamte Wahrheit. Der unbefangene Denker sieht hingegen die gesamte Wahrheit, welche alle Seiten miteinbezieht. Es ist notwendig, dass wir die Wahrheit in ihren Teilstücken erkennen, bis wir alle Teile ausfindig gemacht haben. Dann können wir alle Teile zusammensetzen und einen perfekten Kreis formen. Der Formungsprozess bedeutet nichts weniger als die Erlangung der Unbefangenheit.

Der unbefangene Mensch untersucht, wägt ab und ermisst, wobei er frei von Vorurteilen, Sympathie und Antipathie ist. Sein einziger Wunsch ist es, die Wahrheit zu finden. Er lehnt vorgefasste Meinungen ab und lässt die Fakten und die Beweise für sich sprechen. Er hat es nicht nötig, sich seinen Fall auszulegen, denn er weiß, dass die Wahrheit unveränderlich ist, dass seine Meinung nichts daran ändern kann und dass die Wahrheit entdeckt und untersucht werden kann. Er kann sich viele unnötige Reibereien ersparen und wird folglich im Gegensatz zum befangenen Menschen nicht aufgerieben. Er blickt direkt ins Angesicht der Realität, wodurch er ruhiger und friedvoller wird.

Weil es so selten vorkommt, dass jemand frei ist von Vorurteilen, wird der unbefangene Denker früher oder später hohes Ansehen genießen und die Welt maßgeblich beeinflussen. Es ist nicht zwingend erforderlich, dass er eine weltliche Position einnimmt. Das ist sogar eher unwahrscheinlich. Nichtsdestotrotz wird er sehr viel Einfluss ausüben. Vielleicht gibt es genau jetzt einen solchen Menschen, der irgendwo als Tischler, Zimmermann, Weber oder Angestellter arbeitet. Er mag in Armut leben oder bei einem

Millionär zuhause sein. Er mag klein oder groß sein und seine Hautfarbe ist ebenso unbekannt. Aber wer auch immer er ist und wo auch immer er lebt und obwohl er uns unbekannt ist, hat er bereits begonnen, die Welt zu verändern. Eines Tages wird man überall anerkennen, dass es sich bei ihm um eine neue Macht handelt und dass er ein neues, evolutionäres und kreatives Zentrum bildet.

Vor etwa neunzehnhundert Jahren hat es so jemanden gegeben. Er war ein armer Zimmermann. Er wurde von seinen eigenen Verwandten als verrückt bezeichnet und in den Augen seiner Zeitgenossen fand er ein schmachvolles Ende. Dennoch legte er die Saat, welche die gesamte Welt verändern sollte.

Vor mehr als zweitausendfünfhundert Jahren hat es noch so jemanden gegeben. Er war erfolgreich, hoch gebildet und der Sohn eines reichen Königs. Aus ihm wurde allerdings ein armer Bettler, ein Bettler aber, der heute von einem drittel der Weltbevölkerung verehrt wird. Auf diese Weise schafft er es noch immer, seine Anhänger zu erhöhen und gleichzeitig zu mäßigen.

„Nehmt euch in Acht, sobald Gott einen Denker auf den Planeten loslässt", warnt uns Emerson. Ein Mann kann aber kein Denker sein, wenn Vorurteile sein Denken fesseln. Wer Vorurteile hat, ist bloß ein hartnäckiger Verteidiger der eigenen Meinung. Eine Idee muss erst das Medium seiner spezifischen Vorurteile durchqueren, wodurch die Idee verfälscht wird und infolgedessen objektives Denken wie auch unbefangene Urteilsfällung unmöglich werden. Dieser Mensch sieht alles in Relation zu seiner Meinung (die Relation ist allerdings lediglich eingebildeter Art). Währenddessen sieht der Denker die Dinge so, wie sie sind. Ein Mensch, der seinen Geist von allen Vorurteilen gereinigt hat und auch von allen anderen Verfehlungen rein egoistischer Natur, kann die Realität direkt betrachten. Er hat damit den Gipfel der Macht erreicht. In seinen Händen befindet sich der Schlüssel zu größtmöglichem Einfluss, ob er sich dessen bewusst ist oder nicht. Der Einfluss ist nun zu einem untrennbaren Teil seines Lebens geworden. Er verströmt ihn, wie eine Blume ihren Duft verströmt. Sein Einfluss offenbart sich in seinen Worten, seinen Taten, seiner körperlichen Haltung und seinen Gedankengängen. Sogar in den Momenten absoluter Stille verströmt er ihn. Wo auch immer er hingeht, ja, selbst wenn er in die Wüste fliehen sollte, er wird seinem erhabenen Schicksal nicht entrinnen können. Ein großer Denker bildet nämlich immer das Zentrum unserer Welt. Durch ihn werden alle anderen Menschen in ihrer persönlichen Umlaufbahn gehalten, während ihre Gedanken um ihn kreisen wie Planeten um eine Sonne.

Der wahre Denker lebt jenseits des brodelnden Strudels aus Leidenschaften, der die Menschheit in seinem Bann hält. Er schwankt nicht aufgrund persönlicher Rücksichtnahme, denn er hat die Bedeutung unpersönlicher Prinzipien vollends verstanden. Nun, da er zum Nichtkombattanten im klirrenden Krieg der egoistischen Begierden geworden ist, kann er von einer günstigen Stellung aus (Die Stellung ist die eines unbefangenen, aber keinesfalls unbeteiligten Beobachters) beide Seiten gleichermaßen erfassen und somit den Grund und die Bedeutung des Kampfes verstehen.

Die größten Persönlichkeiten aus der Literatur zählen zu den großen Denkern. Wie wahre Spiegel reflektieren sie die Dinge auf unbefangene Art und Weise. Man denke nur an Whitman, Shakespeare, Balzac, Emerson oder Homer. Ihr Einfluss ist nicht lokal beschränkt, ihr Einfluss ist global ausgerichtet. Ihre Haltung ist kosmischer Art und nicht auf das Persönliche begrenzt.

Sie vereinen in sich alle Dinge und alle Wesen und alle Welten und alle Gesetze. Sie sind die Götter, die die menschliche Rasse führen. Am Ende werden sie die Menschheit von ihrer fiebrigen Leidenschaft erlösen und sie in ihre eigene aufgeklärte Welt lotsen.

Der echte Denker ist der Größte unter den Menschen und sein Schicksal ist das erhabenste. Der völlig unbefangene Geist hat göttliches Sein erlangt und sonnt sich im strahlenden Tageslicht der Realität.

Die vier Elemente der Unbefangenheit sind:

1. Gerechtigkeit
2. Geduld
3. Ruhe
4. Weisheit

Gerechtigkeit bedeutet, zu gleichen Teilen zu geben, wie im Gegenzug zu bekommen. Hartes Verhandeln ist im Grunde genommen nichts anderes als Diebstahl. Es bedeutet nämlich nichts anderes, als dass ein Käufer nur einen kleinen Teil des Wertes entrichtet, während er den Rest als puren Gewinn einbehält. Der Verkäufer belohnt dieses Verhalten auch noch, indem er den Handel absegnet.

Der gerechte Mensch versucht nicht, einen unfairen Vorteil zu erstreiten. Er betrachtet den realen Wert einer Ware und richtet dahingehend seine Transaktionen aus. Er stellt ein *„was ist er bereit zu zahlen“* nicht über das *„was wäre richtig zu verlangen“*. Er weiß nämlich genau, am Ende ist das Richtige auch das Beste. Er sucht nicht seinen Vorteil im Nachteil des anderen, denn er weiß, dass ein gerechter Handel beiden Seiten gleichermaßen zugutekommt. Man sagt zwar, des einen Verlust sei des anderen Gewinn, nur darf man dabei nicht vergessen, dass die Rechnung lediglich zu einem späteren Zeitpunkt beglichen wird. Ein ungerechter Gewinn kann nicht zu Reichtum führen. Am Ende zieht er den Misserfolg nach sich. Ein gerechter Mensch könnte genauso wenig einen ungerechtfertigten Gewinn für sich beanspruchen (Was im Allgemeinen als eine kluge Transaktion bezeichnet wird), wie er einen Geldbeutel stehlen könnte. Er würde das eine als genauso unehrlich erachten wie das andere.

Der feilschende Geist ist nicht der wahre Geist des Handels. Er ist ein egoistischer und räuberischer Geist, der etwas haben will, ohne etwas dafür zu leisten. Der aufrichtige Mensch feilscht nicht beim Geschäfte machen - das ist ein Pfeiler gerechten Handels. Man liefert ein gutes Produkt zum richtigen Preis und ändert nichts daran. Man macht sich nicht die Hände schmutzig mit Geschäften, die nach Betrug riechen. Man bietet authentische Waren zum richtigen Preis an.

Kunden, die versuchen einen Händler „herunterzuhandeln", erniedrigen sich selbst. Ihr Verhalten offenbart mindestens eine negative Eigenart, aber meistens gleich zwei. Entweder sie halten den Händler für unehrlich und denken, dass er zu viel verlangt (was ein niederer, misstrauischer Gedankengang ist) oder sie versuchen, ihn um seinen Gewinn zu bringen, um somit von dessen Verlust zu profitieren (was ein genauso niederer Wunsch ist). Die Praktik des Feilschens ist eine unehrliche Angelegenheit und die Leute, die das Feilschen am ungeniertesten praktizieren, sind gleichzeitig diejenigen, die sich am lautesten beschweren, wenn sich jemand ihnen aufdrängt. Die Reaktion ist recht verwunderlich, tun sie es doch unentwegt selbst.

Auf der anderen Seite gibt es Händler, die versuchen, ihren Kunden das ganze Geld aus der Tasche zu ziehen. Sie scheren sich nicht um die Gerechtigkeit und kümmern sich nicht um den echten Wert einer Sache. Solche Händler sind Diebe. Sie berauben sich schleichend des eigenen Erfolgs. Denn die Taten dieser Händler fallen auf sie zurück und treiben sie in den finanziellen Ruin.

Ein 50-Jähriger sagte einst zu mir: „Ich habe gerade erst gemerkt, dass ich ein Leben lang 50% mehr gezahlt habe, als ich eigentlich musste." Ein gerechter Mann glaubt niemals, dass er jemals für etwas zu viel gezahlt hat. Aber wenn ein Mensch danach giert, alles zur Hälfte des Preises zu bekommen, dann wird er sich immer gemein und schlecht fühlen, weil er denkt, für alles, was er kauft, ständig den doppelten Preis zu bezahlen. Der gerechte Mensch freut sich, alles zum vollen Preis zu bekommen, ob er nun etwas kauft oder verkauft. Er ist unbekümmert und seine Tage sind vom Frieden geprägt.

Geiz ist gefährlich, nimm dich vor ihm in Acht. Der Mensch soll danach streben, gerecht zu sein. Denn wenn er nicht gerecht ist, kann er weder ehrlich sein noch großzügig noch ehrenhaft. Stattdessen ist er ein verkleideter Dieb, der versucht, so wenig wie möglich zu geben und alles an sich zu reißen, was er bekommen kann. Scheue das Feilschen und lehre den Feilschern bessere Wege, indem du deine Geschäfte mit Würde führst und indem dein Erfolg langanhaltend und ehrlich verdient ist.

Geduld ist die größte charakterliche Zierde des unbefangenen Menschen. Damit ist nicht die spezielle Geduld gemeint, die man bei einer speziellen Sache braucht wie etwa beim Nähen oder beim Zusammensetzen eines Modells. Es geht darum, unter allen Umständen und jederzeit eine unveränderbare und sanfte Stärke an den Tag zu legen, die keine Versuchung der Welt und kein wie auch immer gearteter Druck bezwingen kann. Das ist eine wahrlich seltene Qualität und man kann nicht davon ausgehen, dass ein Großteil der Menschen sie in absehbarer Zukunft erlangen wird. Nichtsdestotrotz handelt es sich um eine Tugend, welche schrittweise erlangt werden kann. Außerdem kann sogar partielle Geduld im Leben eines Menschen Wunder bewirken. Ungeduld dagegen begünstigt den Untergang. Der jähzornige Mensch flirtet mit seinem Untergang. Wer hat denn schon Lust, mit einem Menschen zu tun zu haben, der wie ein Pulverfass explodiert, wenn jemand ein wenig Kritik äußert? Sogar seine Freunde werden ihn nach und nach verlassen. Wer sucht denn schon die Gesellschaft eines Menschen, der ihn barsch anfeindet und mit ungeduldiger und feuriger Zunge auf jedes Missverständnis reagiert?

Früher oder später muss jeder lernen, sich selbst zu kontrollieren. Man muss die Lektion der Geduld lernen, wenn man Erfolg, Macht und Einfluss haben will. Man muss lernen, nicht nur für sich selbst zu denken und nicht nur zu seinem eigenen Vorteil zu handeln, sondern auch an andere zu denken und zu deren Vorteil zu handeln. Man muss besonnen sein und die Fähigkeit erlangen, Leid zu ertragen. Man muss lernen, sein Herz frei zu halten von der Wut und dem Hass, wenn man auf Menschen trifft, die anderer Meinung sind als man selbst, und zwar unabhängig davon, ob es um Dinge geht, die man als wichtig oder sogar als lebenswichtig ansieht. Man muss den Streit meiden, so wie man tödliches Gift meidet. Man wird ständig mit Misstönen zu kämpfen haben, aber man muss lernen, wie mit ihnen umzugehen. Man muss lernen, wie man die Misstöne in Harmonien umwandelt und das kann man, indem man sich in Geduld übt.

Zwietracht ist so gewöhnlich. Er schmerzt das Herz und vernebelt den Geist. Geduld ist selten. Sie bereichert das Herz und verschönert den Geist. Jeder Narr kann spucken und kochen. Dazu braucht es nicht viel, lediglich einen schwachen Charakter. Es braucht wahre Stärke, stets das Gute zu sehen und geduldig mit den Schwächen der Menschen umzugehen. Aber Geduld zahlt sich aus. So wie weiches Wasser den härtesten Felsen abnutzt, überwältigt die Geduld jede Opposition. Sie gewinnt die Herzen der Menschen, erobert und kontrolliert.

Die Geduld wird von der Ruhe begleitet. Sie ist eine großartige Eigenschaft. Sie ist der friedliche Hafen, der auf die emanzipierte Seele wartet, nachdem sie von ihrer langen Reise auf dem sturmgeplagten Ozean der Leidenschaften zurückkehrt. Sie erhöht den Menschen, der viel erlitten und erduldet hat, der viele Erfahrungen gemacht hat und der letzten Endes die Kontrolle übernommen hat.

Ein Mensch, der die Ruhe nicht kennt, kann nicht unvoreingenommen sein. Unruhe, Vorurteile und Befangenheit entspringen gestörten Leidenschaften. Wenn die persönliche Empfindung behindert wird, dann steigen die Gefühle auf und brodeln wie ein eingedämmter Wasserstrom. Der ruhige Mensch verhindert das Gefühlschaos, indem er seine Gefühle vom Persönlichen ins Unpersönliche lenkt. Er denkt und fühlt für sich selbst so selbstverständlich, wie er es für andere tut. Er wertschätzt seine eigene Meinung nicht mehr und nicht weniger als die von anderen Leuten. Auch wenn er seine eigene Arbeit als wichtig ansieht, erkennt er, dass die Arbeit seiner Mitmenschen genauso wichtig ist. Er macht sich keinen Spaß daraus, seine eigenen Stärken mit den Schwächen anderer zu vergleichen. Er stürzt nie über seine eigenen Füße, weil er sich nicht selbst überschätzt. Er hat die Ichbezogenheit zugunsten der Wahrheit abgelegt und nimmt deswegen Zusammenhänge so wahr, wie sie sind. Er regt sich nicht mehr auf, denn er hat erkannt, dass nichts auf der Welt Ärger verursachen sollte. Wieso sollte er sich ärgern, dass ein Stiefmütterchen keine Rose ist? Das gleiche gilt für Menschen. Wieso sollte er sich ärgern, dass du die Dinge anders siehst als er? Die Geister scheiden sich nun einmal und der ruhige Mensch erkennt die unterschiedlichen Sichtweisen als von der Natur vorgegebene Fakten an.

Der ruhige, unbefangene Mensch ist nicht nur der glücklichste Mensch, er hat auch all seine Kräfte völlig unter Kontrolle. Er kann all das schnell, ruhig, leicht und bewusst bewerkstelligen, wofür der unruhige Mensch lange und hart arbeiten muss. Sein Geist ist rein, gelassen und konzentriert. Er ist jederzeit dazu in der Lage, eine gegebene Arbeit kraftvoll anzupacken. Der ruhige Verstand kann alle Gegensätze auflösen, strahlt dabei vor Glück und ist überaus zufrieden. Nicht ohne Grund sagt Emerson: „Ruhe ist feste und gewohnheitsmäßige Freude."

Man sollte nie die Ruhe mit der Gleichgültigkeit verwechseln. Das sind zwei gegensätzliche Extreme. Die Gleichgültigkeit ist leblos, während die Ruhe glühendes Leben und königliche Macht bedeuten. Der ruhige Mensch hat sich selbst erobert, entweder teilweise oder sogar völlig. Weil er den Egoismus erfolgreich in sich selbst bezwungen hat, weiß er auch, wie er mit dem Egoismus anderer Menschen umgehen muss. Er hat gelernt, den Egoismus anderer Menschen zu besiegen. Bei jedem Streit um die Moral siegt stets der gelassene Mensch. Solange man ruhig bleibt, ist es unmöglich zu verlieren.

Selbstkontrolle ist besser als jeder weltliche Reichtum und Ruhe ist ein ewiger Segen.

Die Weisheit bleibt dem unbefangene Menschen treu. Ihr Ratschlag führt ihn. Ihre Flügel sind sein Schild. Sie führt ihn über angenehme Pfade an glückliche Orte.

Die Weisheit hat viele Seiten. Der weise Mensch passt sich anderen an. Er handelt zu ihrem Wohl und doch bricht er nie mit den moralischen Tugenden oder Prinzipien rechten Handelns. Der Narr kann sich nicht an andere anpassen. Er handelt nur für sich selbst und bricht stets mit den moralischen Tugenden und den Prinzipien rechten Handelns. In jeder unbefangenen Handlung steckt ein wenig Weisheit und wenn ein Mensch einmal mit dem Unbefangenen in Berührung gekommen ist, kann er den Bereich der Unbefangenheit immer wieder betreten, bis er sich dort gänzlich niederlässt.

Jeder Gedanke, jedes Wort und jeder Akt der Weisheit hinterlässt in der gesamten Welt spuren, denn das weise Wort und die weise Tat sind völlig erhaben. Die Weisheit ist Quell des Wissens und Quell der Macht. Sie ist so tief und so weit, so exakt und so allumfassend, dass sie selbst das kleinste Detail erfassen kann. In ihrer Erhabenheit übersieht sie nicht die kleinste Kleinigkeit. Beim weisen Geist verhält es sich wie mit der Welt: alles ist da, und zwar am richtigen Platz und in der richtigen Reihenfolge. Dabei ist der weise Geist nicht im Geringsten überfordert. Er ist frei und kennt keine Grenzen. Trotzdem ist er niemals losgelöst. Er irrt sich nie, sündigt nie und muss deswegen auch niemals irgendetwas bereuen. Die Weisheit ist das zuverlässige, erwachsene Sein, das den Zustand des dummen, weinenden Säuglings hinter sich gelassen hat. Sie hat Schwäche und Abhängigkeit hinter sich gelassen genauso wie die Fehler und Strafen, die auf infantile Ignoranz zurückgehen. Die Weisheit ist aufrecht, selbstsicher, stark und ruhig.

Der verständnisvolle Geist braucht keinen äußeren Halt. Er kann für sich selbst stehen, steht er doch auf dem stabilen Grund des Wissens. Damit ist nicht irgendeine Bücherweisheit gemeint, sondern jenes Wissen, das aus gereifter Erfahrung entsteht. Er ist mit allen anderen Geistern in Berührung gekommen und kennt sie darum. Er ist mit allen Herzen gereist und kennt deren Reisen im Guten wie im Schlechten.

Wenn die Weisheit einen Menschen berührt, wird er erhöht und verwandelt. Er wird zu einem neuen Wesen mit neuen Zielen und neuen Kräften. Er bewohnt ein neues Universum, in dem er ein neues und glorreiches Schicksal erfüllt.

So ist die Säule der Objektivität beschaffen. Sie stärkt den Tempel des Reichtums massiv, stützt ihn und macht ihn gleichzeitig um ein Vielfaches attraktiver.

9.

Die Achte Säule

– Eigenständigkeit –

Alle jungen Menschen sollten Emersons Essay über die Eigenständigkeit lesen. Dieser Essay muss der wohl virilste Essay sein, der je geschrieben wurde. Er versucht, die beiden Krankheiten zu heilen, die die Jugend am Häufigsten heimsuchen, nämlich sich selbst zu unterschätzen beziehungsweise sich selbst zu überschätzen. Der Essay wird außerdem dem Besserwisser helfen, sich der Leere und der Geringfügigkeit seines Lasters bewusst zu werden. Emersons Offenbarung gleicht den Offenbarungen unserer antiken Seher und Propheten. Allerdings ist seine Offenbarung viel praxistauglicher und wie gemacht für das Zeitalter der Maschinen, da sie von einem modernen Propheten stammt.

Man sollte Eigenständigkeit nie mit Selbstüberschätzung verwechseln. Denn so groß und toll das eine ist, so nieder und wertlos ist das andere. An der Eigenständigkeit gibt es nichts Falsches, während es in der Selbstüberschätzung nichts Gutes gibt.

Der Mensch, der auf alle Fragen antwortet, selbst wenn es um Themen geht, von denen er keinerlei Ahnung hat, muss ständig mutmaßen. Er tut das natürlich, um zu verhindern, als ignorant angesehen zu werden. Aber weil er seine Mutmaßungen als echtes Wissen verkauft, wird er schon bald für seine unglaubliche Ignoranz und Arroganz bekannt sein. Wer frei zugibt, dass er von etwas keine Ahnung hat, wird Respekt ernten. Wer hingegen aus Gründen der Eitelkeit mutmaßt, wird auf Verachtung treffen.

Der schüchterne und apologetische Mensch, der vor dem Leben scheinbar Angst hat und befürchtet, nichts richtig zu machen und sich zu blamieren, ist nicht erwachsen. Er muss ständig andere Leute imitierten, weil er nicht zu eigenständigen Handlungen fähig ist. Es fehlt ihm diese gewisse Selbstständigkeit, die ihm erlauben würde, sich auf seine eigene Initiative verlassen zu können. Er sollte an sich arbeiten, um zum gelebten Beweis dafür zu werden, dass man nicht einfach sklavisch dem Beispiel anderer folgen darf. Was die Angst vor Spott angeht, bleibt einzig zu sagen, dass derjenige, der sich vom Spott anderer verletzen lässt, noch nicht richtig erwachsen ist. Keine sarkastische Stichelei kann die starke Rüstung eines eigenständigen Menschen durchbohren. Spott kann nicht die uneinnehmbare Festung eines ehrlichen Herzens verletzen. Die spitzen Pfeile der Ironie mögen auf den erwachsenen Menschen niederprasseln, doch er lacht bloß, während die Pfeile vom starken Brustpanzer seines Selbstvertrauens abprallen und gefahrlos neben ihm zu Boden fallen.

„Vertraue dir selbst! Jedes Herz vibriert zu dieser ehernen Saite", sagt Emerson. Über alle Zeiten hinweg und bis zum heutigen Tag hat sich die Menschheit stets auf äußere Krücken gestützt, anstatt sich auf seine angeborene Einfachheit und ursprüngliche Erhabenheit zu verlassen. Die paar Wenigen, die den Mut beweisen, aus der Masse hervorzutreten, sind die Auserwählten, die wir zu Helden erhöhen. Und derjenige, der den Mut hat, die Natur für sich sprechen zu lassen, ist tatsächlich genau das - ein Held. Er ist aus diesem starken Metall gemacht, das ihm erlaubt, sich auf seinen innewohnenden Wert zu verlassen.

Es stimmt, der Anwärter solchen Heldenmuts muss erst noch seine Stärke unter Beweis stellen. Er darf sich nicht von den Schreckgespenstern davonjagen lassen, die der eingefleischte Konventionalist eifrig malt. Er darf sich keine Gedanken um seine Reputation oder seine Position machen, noch um seine Stellung in der Kirche oder im lokalen Verein. Er muss lernen, unabhängig von solchen Erwägungen zu handeln und zu leben – er läuft ja auch nicht ständig der neusten Mode hinterher. Wenn er diesen Test bestanden hat und der üble Beigeschmack es nicht geschafft hat, ihn zu stoppen oder zu betrüben, dann ist aus ihm endlich ein erwachsener Mensch geworden. Nun ist er ein Mensch, mit dem die Gesellschaft rechnen muss. Letzten Endes muss die Gesellschaft ihn unter seinen Bedingungen akzeptieren und nicht anders herum.

Früher oder später wird sich jeder an den eigenständigen Menschen wenden, wenn er eine Orientierungshilfe sucht. Selbst wenn andere kluge Köpfe ihn nicht als Stütze brauchen, so respektieren sie ihn und wissen seine Arbeit zu schätzen. Sie erkennen dessen Stellung unter den ganz Großen an.

Es ist kein Zeichen von Eigenständigkeit, wenn jemand ungern dazulernt, sondern ein Zeichen sturem Hochmuts. Dieser Hochmut trägt die Grundbestandteile der Schwäche in sich und das Scheitern ist vorprogrammiert. Hier fehlt es an Stärke und der Garantie, Spitzenleistungen zu erbringen, was beides Merkmale von Eigenständigkeit sind. Stolz und Eitelkeit dürfen nicht mit Eigenständigkeit verwechselt werden. Erstgenannte Eigenschaften setzen herab, während letztere veredelt. Stolz stützt sich gänzlich auf Zweitrangiges und auf Nebensächliches – wie zum Beispiel Geld, Kleidung, Grundbesitz, Prestige und Position. Gehen diese Dinge verloren, ist alles verloren. Eigenständigkeit stützt sich ausschließlich auf das Notwendige im Leben wie Prinzipien - Redlichkeit, Wahrheit, Reinheit, Aufrichtigkeit, Charakter. Was neben diesen Dingen verloren gehen mag, ist der Rede nicht Wert. Eben genanntes kann hingegen niemals verlorengehen. Stolze Menschen versuchen ihre Ignoranz durch Vortäuschung und Zurschaustellung zu verstecken und sie halten nicht viel von Weiterbildung jeglicher Art. Der vergängliche Stolz beruht voll und ganz auf Ignoranz und Außenwirkung. Je höher er heute gehandelt wird, desto tiefer sinkt er morgen. Die Eigenständigkeit hat nichts zu verstecken und ist willens dazuzulernen. Während der Stolz der Demut keinen Platz lässt, sind Demut und Eigenständigkeit sehr wohl miteinander kompatibel. Mehr als das, sie sind komplementär zueinander. Wirklich erhabene Eigenständigkeit findet sich nur dort, wo tiefgreifende Demut zu finden ist. „Gegensätze treffen sich", sagt Emerson, „und hierfür gibt es kein besseres Beispiel als den Stolz, der sich in der Demut findet. Kein Adliger und kein in Purpur gekleideter Prinz kann sich mit dem Selbstrespekt eines Heiligen messen. Aber wieso ist der Heilige so bescheiden? Er weiß doch, dass er sich viel mehr erlauben könnte, beruft er sich doch auf die Größe Gottes, der in ihm wohnt." Es war Buddha, der sagte: „Wer sich jetzt und nach meinem Tod selbst ein Licht ist und wer nur auf sich selbst vertraut und sich nicht auf äußere Hilfe verlässt, sondern die Wahrheit als sein einziges Licht ansieht und sein Heil allein in ihr sucht, findet in sich selbst alle Hilfe, die er braucht. Das ist derjenige unter meinen Schülern, der den in Nebel getauchten Gipfel erreichen soll. Aber du musst willens sein zu lernen." Weil er so energisch darauf beharrt, sich auf sich selbst zu verlassen und das Ganze an die Ermahnung koppelt, wissbegierig zu sein, halte ich diese Weisheit für eine der besten Aussagen über die Eigenständigkeit. Hier zeigt der große Lehrer, wie das perfekte Gleichgewicht aus Demut und Selbstvertrauen aussehen sollte, das der wahrheitsliebende Mensch erwerben muss.

„Selbstvertrauen ist die Essenz von Heldenhaftigkeit." Alle großen Menschen sind eigenständig und wir sollten sie als Lehrer und Vorbilder ansehen und nicht bloß als Requisiten oder Kindermädchen. Es ist immer dasselbe. Ein großer Mensch kommt, der sich an niemanden anlehnen muss, sondern sich allein auf die einsame Erhabenheit der Wahrheit verlässt und sofort beginnt alle Welt, sich auf ihn zu stützen. Sie machen ihn zur Ausrede für die eigene spirituelle Trägheit und missbrauchen ihn für ihre selbstzerstörerische Selbsterniedrigung. Dabei wäre es um einiges besser, unsere Tugenden am hellen Licht der großen Menschen neu zu entfachen, als unsere Laster im Angesicht ihrer Stärke zu wiegen. Sind wir auf das Licht eines anderen angewiesen, wird uns früher oder später die Dunkelheit einholen. Sobald wir uns auf unser eigenes Licht verlassen, müssen wir nur noch dafür sorgen, dass es weiterbrennt. Wir können vom Licht des jeweils anderen schöpfen und das Wissen um das Licht weitergeben. Aber wenn wir anfangen zu glauben, dass das genug sei und währenddessen unsere eigene Laterne verrostet, werden wir uns schon bald in der Dunkelheit wiederfinden. Unser eigenes inneres Licht ist das Licht, das uns niemals im Stich lässt.

Was ist dieses „innere Licht“, von dem die Quaker so viel reden, als ein anderes Wort für Eigenständigkeit? Wir sollten auf dem aufbauen, woraus wir gemacht sind, und nicht auf dem, woraus jemand anderes gemacht ist. „Aber ich bin klein und arm“, sagst du. Nun gut, dann bau eben auf dem wenigen Kleinen auf und bald wird es größer werden. Natürlich muss ein Säugling saugen und klammern, der erwachsene Mensch allerdings nicht. Der Erwachsene steht auf seinen eigenen Füßen. Die Leute beten zu Gott, er möge ihnen das servieren, was sie aufgrund ihrer Beschaffenheit selbst erreichen können. Sie beten, er möge ihnen das Essen in den Mund legen, für das sie selbst hart arbeiten sollen. Aber die Menschheit wird dieses Stadium des spirituellen Säuglingsalters noch überwinden lernen. Die Zeit wird kommen, da die Menschen keinen Priester mehr dafür bezahlen, dass er für sie betet und zu ihnen predigt.

Das Hauptproblem des Menschen ist sein Misstrauen gegen sich selbst. Selbstvertrauen ist leider eine seltene Sache. Wenn ein Mensch sich selbst als Wurm ansieht, kann nichts anderes als ein unbrauchbarer Wurm aus ihm werden. Das heißt allerdings nicht, das folgender Grundsatz nicht stimmt: „Wer sich selbst erniedrigt, der soll erhöht werden." Aber damit ist natürlich nicht derjenige gemeint, der sich selbst geringschätzt. Ein Mensch sollte sich so sehen, wie er ist. Steckt etwas Unwürdiges in ihm, sollte er es ausmerzen und sich auf das beruhen, was wertvoll ist. Ein Mensch ist nur entwürdigt, wenn er sich selbst entwürdigt. Er ist erhöht, wenn er ein erhöhtes Leben führt.

Warum sollte ein Mensch endlos an seine gefallene Natur denken? Es gibt eine falsche Art von Demut, die Stolz auf das Laster ist. Wenn ein Mensch stürzt, dann kann er wieder aufstehen und eine Lehre daraus ziehen. Wenn ein Mensch in eine Grube gefallen ist, dann soll er nicht einfach nur liegenbleiben und jedem Vorbeigehenden zurufen, er möge dessen gefallenen Zustand beachten. Nein, nichts dergleichen. Er steht auf und gibt sich Mühe, von nun an vorsichtiger zu sein. Wer also in die Grube des Lasters gefallen ist, soll aufstehen, sich saubermachen und seinen Weg fröhlich fortsetzen.

In jedem Bereich des Lebens, nehmen Reichtum und Einfluss erheblich zu, wenn man nur ein wenig eigenständiger wird. Für alle Lehrer, ob säkularer oder religiöser Art, für alle Manager, Vorgesetzten und andere Entscheidungsträger ist die Eigenständigkeit eine unerlässliche Eigenschaft.

Die vier großartigen Eigenschaften der Eigenständigkeit sind:

1. Entschlossenheit
2. Standhaftigkeit
3. Würde
4. Unabhängigkeit

Die Entschlossenheit macht einen Menschen stark. Ein Mensch, der im Schauspiel des Lebens eine Sprechrolle spielen will, egal wie klein sie auch sein soll, muss entschlossen sein. Er muss wissen, was er tut. Obschon er manchmal zweifelt, darf er niemals an seiner Macht zu handeln zweifeln. Er muss seine Rolle im Leben kennen und seine ganze Energie darauf konzentrieren. Er muss eine solide Wissensbasis haben, von der aus er arbeiten kann und auf der er sicher stehen kann. Er muss zu nicht viel mehr fähig sein, als sich mit dem Wert und der Qualität von Rindvieh auszukennen. Aber er muss alles über seine Arbeit wissen. Er muss dazu in der Lage sein, jederzeit für sich selbst geradestehen zu können, wenn jemand seine Leistung in Frage stellt. Er sollte so gut über sein Gebiet Bescheid wissen, dass er nie unentschlossen ist. Nicht umsonst heißt es: „Wer zögert, hat schon verloren." Niemand vertraut demjenigen, der nicht an sich selbst glaubt, der zweifelt, wankt und stoppt. Was soll man von einem Menschen halten, der nicht fähig ist, sich für einen von zwei Wegen zu entscheiden? Wer lässt sich schon auf einen Händler ein, der den Preis seiner eigenen Waren nicht kennt und keine Ahnung hat, wo er sie aufbewahrt? Man muss seinen Betrieb kennen. Wenn einer den eigenen Betrieb nicht kennt, wer sollte ihm da weiterhelfen? Ein Mensch muss dazu in der Lage sein, über die Wahrheiten, die er verkörpert, Auskunft zu geben. Er muss diesen entscheidungsfreudigen Touch haben, den nur Fähigkeit und Wissen verleihen können.

Gewissheit ist ein wichtiges Element der Eigenständigkeit. Um Einfluss zu haben, muss man ein wenig von der Wahrheit, die man kennt, vermitteln können. Jede Fertigkeit spiegelt ein wenig Wahrheit wieder. Man muss als Fachmann sprechen und nicht als Schriftgelehrter. Man muss es in einer Disziplin zur Meisterschaft gebracht haben und zudem noch wissen, dass man sie gemeistert hat. Das ist die Voraussetzung, um klar und deutlich handeln zu können. Man darf nicht ein Leben lang Schüler bleiben, man muss sich zum Meister entwickeln.

Unentschlossenheit ist ein zerstörerischer Faktor. Wenn man nur eine Minute lang zögert, kann man schon die Strömung des Erfolgs verpassen. Menschen, die Angst davor haben, sich schnell zu entscheiden, aus Furcht einen Fehler zu machen, machen meistens genau das, einen Fehler. Die schnellen Entscheider und Denker sind weniger anfällig für Fehler. Außerdem ist es immer besser, entschieden zu handeln und einen Fehler zu begehen, als unentschieden zu handeln und einen Fehler zu begehen. Denn im ersten Fall hat man lediglich einen Fehler gemacht, während man im zweiten Fall zudem noch schwach ist.

Ein Mensch sollte immer entschlossen agieren, egal, ob er Bescheid weiß oder nicht. Er sollte genauso schnell „ja" wie „nein" sagen können und genauso schnell sein Unwissen kundtun, wie er dazu bereit ist, sein Wissen weiterzugeben. Wenn man Faktenwissen hat und das Handeln auf simplen Wahrheiten basiert, gibt es sowieso keinen Grund, zwischen zwei Auffassungen hin und her gerissen zu sein.

Entscheide dich schnell und handle entschieden. Noch besser ist es, wenn deine zukünftigen Entschlüsse bereits feststehen, denn dann wirst du spontan und instinktiv handeln.

Die Standhaftigkeit erwächst aus einem Geist, welcher schnell Entscheidungen treffen kann. Hier ist nun die endgültige Entscheidung gemeint, sich sicher zu sein, den besten Handlungsweg und Lebensweg erkannt zu haben. Man schwört bei seiner Seele, voll und ganz hinter dem zu stehen, was man zum Prinzip erklärt hat. Es ist weder nötig noch unnötig, diesen Schwur in Worte zu fassen, denn die Treue gegenüber Prinzipien entspricht dem Wesen aller Schwüre.

Der Mensch, der keine festen Prinzipien hat, wird nicht viel erreichen. Opportunismus ist wie ein Sumpf, umgeben von einer dornigen Wüste. Der Mensch bleibt ständig im wechselnden Matsch seiner moralischen Lockerheit stecken, um sich danach an den Dornen seiner hausgemachten Enttäuschungen zu kratzen und zu stechen.

Man braucht einen soliden Untergrund, auf dem man vor seinen Mitmenschen stehen kann und das kann man auf dem Morast aus Zugeständnissen nicht. Verschlagenheit ist ein Laster der Schwäche und die Laster der Schwäche unterhöhlen den Charakter - und damit den persönlichen Einfluss - mehr als die Laster der Stärke. Der Mensch, der aufgrund eines Überflusses an animalischer Stärke lasterhaft ist, findet schneller zur Wahrheit, als derjenige, der lasterhaft ist, weil es ihm an Potenz mangelt und dessen größtes Laster darin besteht, sich nie eigene Gedanken zu machen. Sobald man verstanden hat, dass die Macht sich guten wie auch schlechten Zielen gleichsam anpassen kann, sollte man sich nicht wundern, dass die Trunkenbolde und die Huren das Königreich des Himmels schneller erreichen werden als diplomatische Glaubensbrüder. Trunkenbolde und Huren sind zumindest gründlich, was die Wahl ihres Lebenswegs angeht, egal wie lasterhaft er auch sein mag. Und Gründlichkeit ist mit Stärke gleichzusetzen. Es wäre einzig nötig, diese Stärke vom Schlechten zu befreien und dem Guten zu unterwerfen und ehe man sich versieht, ist aus dem abscheulichen Sünder von einst ein erhabener Heiliger geworden!

Der Geist muss fest und entschlossen sein. Die Prinzipien, denen man folgt, sollten beständig sein, unabhängig davon, wie die Frage lauten mag. Man sollte sich für diejenigen Prinzipien entscheiden, die einen am sichersten durch das Labyrinth aus Meinungen führen. Richtig gewählte Prinzipien verleihen den erforderlichen Mut, um im Kampf des Lebens zu bestehen. Hat man sich für seine Prinzipien entschieden, sollten diese einem mehr bedeuten als irgendwelcher Profit oder irgendwelches Glück. Sie sollten einem Menschen sogar wichtiger sein als das eigene Leben. Wer voll und ganz zu seinen Prinzipien steht, wird merken, dass sie einen niemals in Stich lassen. Sie werden den Menschen gegen jeden seiner Gegner verteidigen, ihn aus jeder Gefahr befreien und ihm immer den Weg aus der Dunkelheit weisen. In der Dunkelheit werden sie ihm ein Licht sein, im Chaos ein Ort der Ruhe und in Zeiten des Kampfes eine Zufluchtsstätte.

Die Würde kleidet den standhaften Geist wie ein majestätischer Mantel. Wer so unbeugsam wie Eisen ist, wenn von ihm verlangt wird, mit dem Bösen Kompromisse einzugehen, und wer so biegsam wie Weidenholz ist, wenn er sich dafür entscheiden muss, Gutes zu tun, strahlt eine Würde aus, die seine Mitmenschen durch seine bloße Anwesenheit beruhigt und ermutigt.

Der flatterhafte Geist, der sich nicht an feste Prinzipien bindet, der stur ist, wenn es um die Erfüllung seiner Begierden geht, und nachlässig ist, wenn sein moralisches Wohlergehen auf dem Spiel steht, hat keine Anziehungskraft, kein Gleichgewicht und keine Gemütsruhe.

Den würdigen Menschen kann niemand niedermachen oder versklaven, weil er damit aufgehört hat, sich selbst niederzumachen und zu versklaven. Mittels eines Blicks, eines Worts oder durch kluges und suggestives Schweigen vereitelt er an Ort und Stelle jeden Versuch, ihn zu demütigen. Seine bloße Anwesenheit ist für den unziemlichen und leichtfertigen Menschen ein Tadel, während er für den guten Menschen ein Fels in der Brandung ist.

Der Grund, wieso der würdige Mensch so Respekt gebietend ist, ist zum einen sein Selbstrespekt und zum anderen seine entgegenkommende Art. Dabei ist letztgenanntes wichtiger als erstgenanntes. Er erweist den Leuten den ihnen gebührenden Respekt. Ihm Gegenüber steht der stolze Mensch. Er liebt sich selbst und behandelt sozial Benachteiligte mit hochnäsiger Verachtung. Die Liebe zu sich selbst und die Verachtung anderer gehen immer Hand in Hand. Je größer die Eigenliebe ist, desto größer ist auch die Arroganz.

Echte Würde entsteht aus Selbstaufopferung und nicht aus Selbstliebe. Das heißt, sie ist das Ergebnis aus der unbefangenen Befolgung eines festen und zentralen Prinzips. Die Würde des Richters ist dem Umstand geschuldet, dass er bei der Ausübung seiner Pflicht alle persönlichen Erwägungen ausschließt und einzig und allein nach dem Gesetz urteilt. Seine eigene Persönlichkeit, vergänglich und flüchtig, hat keinerlei Relevanz. Das Gesetz auf der anderen Seite ist beständig und majestätisch. Das Gesetz ist alles, was zählt. Würde ein Richter bei der Beurteilung eines Falls, das Gesetz missachten und stattdessen persönlichen Gefühlen nachgeben, wäre er voreingenommen und würde infolgedessen seine Würde verlieren. Wer einen reinen Charakter besitzt, steht also auf dem göttlichen Boden der Gesetze und ist nicht bloß von persönlichen Gefühlen abhängig. Sobald sich der Mensch seinen Leidenschaften unterwirft, opfert er seine Würde. Er reiht sich in die Masse der unvernünftigen und unkontrollierten Menschen ein.

Ruhe und Würde eines Menschen hängen davon ab, inwieweit seine Handlungen auf festen Prinzipien beruhen. Das Prinzip muss rechtens sein, das heißt unangreifbar. Gehorcht der Mensch rechten Prinzipien, ohne schwach und persönlich zu werden, verlieren alle angreifenden Leidenschaften, Vorurteile und Interessen, egal wie stark sie auch sein mögen, ihre Kraft. Rechte Prinzipien sind unzerstörbar.

Die Unabhängigkeit gehört zum Geburtsrecht eines starken und beherrschten Menschen. Wer sehnt sich nicht nach Freiheit? Wer strebt nicht nach Unabhängigkeit? Alle Menschen tun das.

Ein Mensch sollte für sich selbst arbeiten oder aber für die Gemeinschaft. Wenn er nicht versehrt, chronisch krank oder geistig verwirrt ist, sollte er sich schämen, auf andere angewiesen zu sein. Er gibt nichts zurück. Wer das anders sieht und behauptet, er sei frei, dem soll gesagt sein, dass er ein Leben in Sklaverei führt. Die Zeit wird kommen, in der es eine öffentliche Schmach sein wird, ein Leben als Drohne im Bienenstock der Gesellschaft zu führen (damit ist weniger der Stadtstreicher gemeint als die ehrbaren und angesehenen Schmarotzer).

Unabhängigkeit und Freiheit sind das Ergebnis von harter Arbeit und nicht von Müßiggang. Das eigenständige Mitglied der Gesellschaft ist zu stark, zu ehrenhaft und zu aufrecht, um auf andere angewiesen zu sein. Er ist kein Baby, das noch an der Brust hängt und immer die Hilfe anderer braucht. Mit seinen eigenen Händen und seinem eigenen Hirn verdient er sich das Recht, ein Leben als erwachsener Bürger zu führen. Und er tut es unabhängig davon, ob er nun in Reichtum oder in Armut geboren wurde, denn Reichtum ist keine Entschuldigung für Faulheit. Vielmehr eröffnet Reichtum die Möglichkeit, zum Wohl der Allgemeinheit zu arbeiten und dabei auch noch durch die einzigartigen Mittel zu nutzen, die Geld bietet.

Nur wer sich selbst ernährt, ist frei, eigenständig und unabhängig.

Damit kennt jeder von uns die Natur der acht Säulen. Jeder von uns weiß, wie ihr Fundament beschaffen ist, wie sie errichtet werden, aus welchen vier Eigenschaften jede einzelne von ihnen besteht, welche Aufgaben sie erfüllen und inwiefern sie den Tempel des Reichtums stützen. Nun sind wir alle dazu in der Lage, den Tempel zu erbauen. Wer ihn nur teilweise kannte, kennt nun alle Details. Und wer schon alles wusste, dem wird die Freude zuteil, alles auf systematische Art und Weise geordnet und auf den Punkt gebracht vorliegen zu haben. Sehen wir uns als nächstes den Tempel als solchen an. Wir wollen die Macht seiner Säulen, die Stärke seiner Wände, die Belastbarkeit seiner Decke und seine architektonische Schönheit kennenlernen.

10.

Der Tempel des Reichtums

Manch ein Leser hat das Buch gelesen, in Erwartung zu erfahren, wie man konkret Geld verdienen kann. Manche wollten Einblick gewinnen, was Geschäftsvorgänge, Gewinn- und Verlustrechnungen, Preisbildung, Märkte und Verträge angeht. Kurz gesagt, manch ein Leser hoffte, Details zu erfahren, wie man Reichtum produziert. Diesen Lesern wird nicht entgangen sein, dass hier diesbezüglich keine Anleitungen gegeben werden. Das hat vier Gründe, nämlich:

Erstens. Details können nicht für sich alleine stehen. Sie verleihen nicht die Macht, etwas zu erschaffen, es sei denn, sie stehen mit Prinzipien in Verbindung.

Zweitens. Es gibt unendlich viele Details, außerdem ändern sie sich unablässig. Allerdings gibt es nur wenige Prinzipien und diese sind ewig und unveränderbar.

Drittens. Prinzipien stellen kohärente Faktoren dar, die alle Details miteinander verbinden. Sie regulieren und harmonisieren sie. Wenn man also die richtigen Prinzipien kennt, liegt man auch mit allen untergeordneten Details richtig.

Viertens. Wer die Wahrheit predigt, muss sich rigide an seine Prinzipien halten. Er darf sich nie von ihnen entfernen, sonst verläuft er sich in einem Labyrinth aus sich ständig verändernden Privatangelegenheiten und personengebundenen Details. Derartige Privatangelegenheiten und Details sind aber immer lokal beschränkt und nur für gewisse Personen von Interesse. Prinzipien sind dagegen universell richtig und für jeden von Interesse.

Wer die Prinzipien des Buchs beherzigt und sie wirklich in die Tat umsetzen kann, wird die vier eben genannten Gründe voll und ganz verstehen. Die Details, mit denen eine Person zu tun hat, sind wichtig, aber es sind seine Details oder die Details seiner speziellen Branche und alle, die außerhalb seiner Branche arbeiten, interessieren sich nicht dafür. Doch die moralischen Prinzipien sind für alle Menschen gleich. Sie sind auf alle Umstände anwendbar und beherrschen alle Angelegenheiten.

Wer seine Arbeit mithilfe von festen Prinzipien organisiert, muss sich nicht mit Komplikationen herumschlagen, die auf unzählige Details zurückgehen. Er wird alle Details mit einem einzigen Gedanken erfassen. Er wird die Details durchschauen, während sie vom Licht der Prinzipien erhellt werden, die mit ihnen in Zusammenhang stehen.

Bis man die Prinzipien verstanden hat, hält man die Details für den Urstoff und handelt auf eine Art und Weise, die zu zahllosen Komplikationen und zu Durcheinander führt. Im Licht der Prinzipien erkennt man, dass es bloß sekundäre Fakten sind. Man überwindet auf einen Schlag zahlreiche Probleme.

Wer in Details versinkt, ohne die regulierenden und synthetisierenden Prinzipien zu kennen, gleicht dem Wanderer, der im Wald verloren geht und den richtigen Pfad nicht findet. Er wird von den Details geradezu erschlagen. Der Mensch, der sich den Prinzipien unterstellt, steht außerhalb der Details. Er versteht sie in ihrer Gesamtheit. Der detailversessene Mensch wird immer nur die Details sehen, die zufällig in seiner direkten Umgebung sind.

Alles wird von Prinzipien beherrscht. Die Prinzipien sind die Gesetze und alle Dinge befolgen ihr eigenes Gesetz. Es ist falsch, eine Sache getrennt von ihrer Natur zu betrachten. Die Details sind die Buchstaben und die Prinzipien der Geist. Der Satz, „Der Buchstabe tötet, aber der Geist macht lebendig“, trifft auf die Kunst genauso zu wie auf die Wissenschaft, die Literatur, den

Handel oder eben die Religion. Es ist wie mit dem Körper eines Menschen. Die wundervolle Summe seiner Einzelteile sind zwar wichtig, aber nur in ihrer Relation zum Geist. Wird der Geist entzogen, ist der Körper unbrauchbar und man schafft ihn fort. So verhält es sich auch mit dem Körper eines Unternehmens. All die komplizierten Details sind vielleicht wichtig, aber nur in ihrer Relation zu den Prinzipien, die ihm Leben einhauchen und ihn kontrollieren. Werden sie entzogen, bricht das Unternehmen in sich zusammen.

Um den Körper des Reichtums zu erlangen, müssen wir erst den Geist des Reichtums erlangen und der Geist des Reichtums ist von moralischen Tugenden geprägt. Leider herrscht überall moralische Blindheit. Die Menschen sehen Geld, Luxus, Exzess, Freizeit und so weiter und so fort und weil sie all diese Dinge mit Reichtum verwechseln, begehren sie diese Dinge für sich selbst. Nennen sie aber erst einmal all die Dinge ihr Eigen, so finden sie keinerlei Freude an ihnen.

Reichtum ist vor allem eine Geisteshaltung, eine moralische Kraft, ein Leben, das sich in Freude, Überfluss und Glück äußert. Kein Mensch wird zum Genie, indem er einfach nur Gedichte, Essays und Schauspiele schreibt, sondern dadurch, dass er die Seele eines Genies ausbildet. Schreiben ist das Ergebnis einer Ursache. Dementsprechend kann man nicht reich werden, indem man Geld hortet und Grundbesitz hinzugewinnt. Stattdessen muss man eine tugendhafte Seele entwickeln. Die materiellen Accessoires folgen als Ergebnis auf einen Grund. Der tugendhafte Geist ist ein fröhlicher Geist. Er birgt in sich allen Reichtum, alle Genugtuung und die ganze Fülle des Lebens.

Geld schenkt keine Freude. Besitz schenkt keine Freude. Es steckt keine Freude in der Anhäufung materieller Dinge. Diese Dinge sind tot und leblos. Die Freude muss im Menschen selbst stecken, denn man kann sie nirgendwo sonst finden. Man muss die Fähigkeit zum Glücklichsein besitzen. Man muss die Weisheit besitzen, um zu wissen, wie man die Dinge nutzt und nicht wie man sie anhäuft. Man muss die Dinge besitzen und nicht von ihnen besessen werden. Die Dinge müssen vom Menschen abhängig sein und er nicht von ihnen. Die Dinge müssen ihm folgen und er darf ihnen nicht ewig hinterherlaufen. Wenn der Mensch die moralischen Elemente in sich trägt, die mit allen anderen Dingen in Relation stehen, dann werden die Dinge ihm ohne sein Zutun nachfolgen.

Im Königreich des Himmels mangelt es an nichts. Es beinhaltet alle guten, wahren und notwendigen Dinge. Und vergiss nicht, das „Königreich Gottes liegt in deiner Selbst.“ Ich kenne reiche Menschen, die unglaublich glücklich sind, weil sie großzügig, großherzig, rein und fröhlich sind. Ich kenne aber auch reiche Menschen, die unglaublich missmutig sind. Das sind diejenigen, die im Geld und im Besitz nach ihrem persönlichen Glück gesucht haben. Diese Leute haben nie den Geist des Guten und der Freude entwickelt.

Wie kann es sein, dass man von einem erbärmlichen Menschen sagt, er sei „reich“? Es ist egal, ob er zehntausende von Pfund jährlich verdient. Im wahren Reichtum stecken Leistungsfähigkeit, Harmonie und Genugtuung. Wenn ein reicher Mensch glücklich ist, dann nur weil er den Geist des Glücks zu seinen Reichtümern brachte und nicht andersherum. Er ist ein vollständiger Mensch. Er hat alle materiellen Vorteile, aber auch deren Verbindlichkeiten. Der erbärmliche Reiche dagegen ist ein leerer Mensch, der nach dem Reichtum giert, weil er das volle Leben sucht. Das Leben, das er sucht, kann sich allerdings nur im Inneren entfalten.

Reichtum besteht also aus einer moralischen Fähigkeit gepaart mit der Weisheit, wie man die materiellen Güter, die untrennbar mit unserem irdischen Leben verbunden sind, auf richtige Art nutzen und auf rechtmäßige Weise genießen kann. Wenn man, ohne reich zu sein, frei sein kann, dann soll man erst aus seinem Inneren heraus frei sein. Denn wie sollte Geld einen Geist befreien können, der schwach, selbstsüchtig oder lasterhaft ist? Wird Reichtum in den Händen eines solchen Menschen nicht viel eher dazu beitragen, ihn noch mehr zu versklaven?

Daher dürfen die sichtbaren Auswüchse des Reichtums nicht losgelöst von ihrer mentalen und moralischen Ursache betrachtet werden, sondern nur in Relation zu ihr. Jedes Gebäude hat ein verstecktes beziehungsweise nicht erkennbares Fundament und dass es noch steht, ist der sichtbare Beweis dafür. Dementsprechend birgt jeder etablierte Erfolg ein Fundament und seine Dauerhaftigkeit ist der sichtbare Beweis dafür. Reichtum steht auf einem Fundament aus Charakter. Im gesamten Universum ist kein anderes Fundament zu finden. Wahrer Reichtum ist Wohlergehen, Gesundheit, Wohlfahrt, Ganzheit, Wohlbefinden und Glück. Ein reicher, aber erbärmlicher Mensch ist nicht wirklich reich. Er hat lediglich Geld, Luxusartikel und Freizeit - alles Instrumente zur eigenen Folter. Ihr Besitz ist sein Fluch.

Der moralische Mensch ist gesegnet, stets glücklich und dessen Leben alles in allem ein voller Erfolg. Es gibt keine Ausnahme zu dieser Regel. Egal welche Fehler er im Detail machen mag, er wird ein voll und ganz erfülltes Leben führen. Er wird ein ruhiges Gewissen haben, einen ehrenwerten Namen sein Eigen nennen und all jene Segnungen genießen, die ein reicher Charakter mit sich bringt. Ohne den moralischen Reichtum nutzt der finanzielle Reichtum gar nichts. Er wird dich nicht erfüllen.

Lasst uns kurz rekapitulieren und den Glanz und die Stärke aller acht Pfeiler betrachten.

Energie – Sein Selbst wecken und unermüdlich und hartnäckig daran arbeiten, seine Aufgaben zu erfüllen.

Ökonomie – Die Konzentration von Macht, die Erhaltung von

Kapital wie auch Charakter. Letztgenanntes ist jedoch weitaus wichtiger, weil es sich um unser mentales Kapital handelt.

Integrität – Unbeirrbare Ehrlichkeit. Die Einhaltung aller Versprechen, Vereinbarungen und Verträge, ohne an mögliche Gewinne und Verluste zu denken.

System – Alle Details der Ordnung unterwerfen, um das Gedächtnis und den Verstand vor unnötiger Arbeit und unnötigem Stress zu schützen, indem man vieles zu nur einem reduziert.

Mitgefühl – Großzügigkeit, Großmut, Sanftheit und Güte; freigebig, frei und freundlich sein.

Aufrichtigkeit – Stark, ehrlich, robust und echt sein. Nicht eine Person in der Öffentlichkeit sein und eine andere im Privaten. Nicht versuchen, gut zu wirken, während man insgeheim Schlechtes plant.

Objektivität – Gerechtigkeit. Man strebt nicht nur für sich selbst, sondern wägt beide Seiten ab und handelt in aller Fairness.

Eigenständigkeit – Man blickt nur noch in sich selbst, wenn man Stärke und Unterstützung sucht. Man verlässt sich auf seine festen und unzerstörbaren Prinzipien. Man ist nicht mehr auf die Hilfe von Außen angewiesen, einer Hilfe, die einem jeden Moment genommen werden kann.

Ein Leben wird erfolgreich verlaufen, wenn es sich auf diese acht Pfeiler stützt. Die Stärke der Pfeiler ist derart, dass keine physische oder intellektuelle Kraft sich mit ihr messen kann. Würde es jemand schaffen, alle acht zu perfektionieren, wäre dieser Mensch gänzlich unbesiegbar. Man kann jedoch beobachten, dass die Leute oft in einer oder auch in mehreren Eigenschaften stark sind, dafür aber in anderen schwach aufgestellt sind. Es sind indes die schwachen Säulen, welche Fehler nach sich ziehen. Es ist töricht, den Misserfolg eines Geschäftsmanns oder einer Geschäftsfrau auf dessen Ehrlichkeit zurückzuführen. Ehrlich zu sein, ist kein Fehler. Der Grund für sein Scheitern muss an anderer Stelle liegen. Es gilt, der Grund ist immer im Unvermögen und nicht im Vermögen einer guten und notwendigen Qualität zu suchen. Das Scheitern mit der Ehrlichkeit zu verknüpfen, stellt einen Angriff auf die Integrität der Handelswelt dar. Es kommt einer falschen Anschuldigung gleich, die man gegen diejenigen Menschen erhebt, die ihre Geschäfte auf ehrenvolle Weise führen - und von diesen Menschen gibt es mehr als genug! Ein Mensch kann einzelne starke Säulen haben wie zum Beispiel Energie, Ökonomie und System, aber nichtsdestotrotz verhältnismäßig schwach in den anderen fünf Tugenden aufgestellt sein. Ihm wird der große Erfolg entgehen, weil er eine der vier Ecksäulen nicht besitzt, nämlich Integrität. Sein Tempel wird an dieser Schwachstelle einstürzen. Die ersten vier Säulen müssen richtig verarbeitet sein, sonst steht der Tempel des Reichtums nicht sicher. Die ersten vier Eigenschaften sind die Eigenschafen, die ein Mensch in seiner moralischen Evolution zuerst erlangen muss. Ohne sie kann man die restlichen vier Eigenschafen nicht besitzen. Wenn die ersten drei Säulen stark sind, die vierte jedoch schwach, wird die fehlende Ordnung dem Chaos und der Katastrophe Tür und Tor öffnen. So verhält es sich mit allen unvollständigen Kombinationen. Die letzten vier Säulen machen den Charakter erhaben. Daher sind diese Eigenschaften bei den meisten Menschen mehr oder weniger unvollkommenen entwickelt. Es gibt bloß wenige Ausnahmen zu dieser Regel. Der Mann von Welt, der sich in egal welcher Branche beständigen Erfolg sichern möchte, muss die ersten vier Säulen in seinen Charakter integrieren. Das geschieht durch praktisches Tun. Er muss seine Gedanken, sein Verhalten und seine Angelegenheiten mittels dieser festen Prinzipien regulieren und sie bei jedem Problem zu Rate ziehen. Jedes Detail muss den Prinzipien unterworfen sein. Vor allem darf er sie unter keinen Umständen übergehen, um sich einen persönlichen Vorteil zu verschaffen oder um ein persönliches Problem aus der

Welt zu schaffen. Wer sich nicht an sie hält, wird empfänglich für das Laster und zum Ziel für die Anschuldigungen anderer Leute. Wer sich den vier Prinzipien unterwirft, wird in seinem Gebiet große Erfolge feiern, denn sein Tempel steht sicher. Jeder Mensch, dem es ernst ist, kann diese Prinzipien studieren wie auch praktizieren, denn sie sind so einfach und so klar, dass selbst ein Kind sie verstehen könnte. Sie zu perfektionieren, verlangt kein überwältigendes Maß an Selbstaufopferung, obschon es einer gewissen Selbstentsagung und persönlichen Disziplin bedarf.

Bei der zweiten Gruppe von Eigenschaften handelt es sich um Prinzipien, die tiefsinniger sind und daher schwieriger zu verstehen und zu praktizieren sind. Sie setzen den höchsten Grad an Selbstaufopferung und Selbstüberwindung voraus. Nur wenige von uns sind bisher dazu in der Lage, sich vom persönlichen Element weit genug zu lösen. Das ist jedoch die Voraussetzung für ihre Perfektionierung. Wem dieses Kunststück in nennenswertem Umfang gelingt, wird seine Kräfte immens vergrößern und sein Leben immens bereichern. Er wird seinen Tempel auf einzigartige und wundervolle Art verschönern und damit wiederum all seine Mitmenschen erfreuen und erhöhen. Noch lange nachdem er gestorben ist, wird man sich seiner erinnern.

Es braucht Zeit, ein Gebäude zu errichten und diejenigen, die den Tempel des Reichtums in Übereinstimmung mit den Lehren dieses Buchs erbauen möchten, sollten sich das klarmachen. Der Tempel will behutsam erbaut werden. Es geschieht Stein für Stein und Ziegel um Ziegel. Die Säulen müssen fest verankert und einzementiert werden. Viel Arbeit und Sorgfalt wird benötigt, um das Bauvorhaben zu vervollständigen. Der Bau dieses Tempels findet im Inneren statt. Der Prozess ist vielleicht mental, aber dennoch real und gehaltvoll. Der Tempel wird in aller Stille und für das Auge unsichtbar erbaut. Es ist wie mit Salomons Tempel, an dem sieben Jahre lange gearbeitet wurde, und von dem man sagt: „Hammer und Meißel oder irgendein anderes eisernes Werkzeug waren im Haus nicht zu hören, als es erbaut wurde."

Wie dem auch sei, verehrter Leser, arbeite an deinem Charakter, bau am Haus deines Lebens und errichte deinen Tempel des Reichtums. Sei nicht wie diese Narren, die aufsteigen, nur um dann über ihre egoistischen und zweifelhaften Begierden zu stolpern. Sei in Einklang mit deiner Arbeit und kröne deine Karriere mit deiner persönlichen Vervollkommnung. Lass dich den Weisen zuzählen, die auf einem festen und sicheren Fundament ruhen - den Prinzipien der Wahrheit, die ewig sind.

Ihre Meinung ist gefragt!

Bitte hinterlassen Sie eine Bewertung

Leseempfehlung 1

Wie der Mensch denkt

von James Allen

James Allen
Wie der Mensch denkt
As a Man Thinketh

James Allen ist einer der Begründer des Genres der Selbsthilfebücher und einer der prominentesten Verfechter des Gesetzes der Anziehung, welches auch als das Geheimnis bezeichnet wird. Die Rede ist natürlich vom Geheimnis des Erfolgs. Die These ist gänzlich einfach: Man bekommt im Leben nicht das, was man will, sondern das, was man unbewusst glaubt, verdient zu haben! Man sieht schon, James Allen glaubt ganz fest an die Macht der Gedanken. Er sieht den Menschen als einen Gärtner an. Wie ein Gärtner muss ein jeder von uns den Garten seines Geistes kultivieren. Was wir säen und ernten, liegt allein an uns. Ob wir gute oder schlechte Erfahrungen machen, ob wir erfolgreich sind oder scheitern und ob wir glücklich oder unglücklich sind, liegt deswegen ebenfalls allein an uns selbst.

Manch ein Gedanke von James Allen ist kritisiert oder sogar scharf verurteilt worden. Das hat aber der Anziehungskraft und dem Einfluss - sprich der Macht - des Buchs nicht im Geringsten geschadet. Der Klassiker aus dem Jahre 1902 hat schon manch ein Leben bewegt. Viele von uns sind sich nicht einmal im Klaren darüber, wie viel sie diesem Mann eigentlich zu verdanken haben. Der Grund ist folgender. Seit der Veröffentlichung des Buchs im letzten Jahrhundert haben dutzende Lebens- und Erfolgsberater nachfolgender Generationen dessen Thesen verinnerlicht und weiterentwickelt. Sehr viele Life Coaches geben frei zu, dass James Allen sie wie kein anderer inspiriert hat. Kann es eine größere Auszeichnung geben? Es gibt nur wenige Bücher auf der Welt, die so kurz sind (ca. 7800 Wörter im Englischen) und gleichzeitig so einflussreich sind wie *Wie der Mensch Denkt*.

Es gibt einen Grund, wieso Sie dieses Buch gefunden haben. Ob das Buch auch Ihr Leben zum Besseren verändern kann, erfahren Sie mit etwas Glück (So etwas wie "Glück" gibt es nicht, würde Mr. Allen sofort einwerfen), sobald Sie es in Händen halten und auch gelesen haben.

Leseempfehlung 2

24 Stunden am Tag
und wie man damit leben kann

von Arnold Bennett

Arnold Bennett
24 Stunden am Tag
und wie man damit leben kann!

Zeit ist mehr als Geld

Sie kennen das Sprichwort: „Time is money"? Natürlich kennen Sie es, denn fast kein anderes Sprichwort beschreibt den Umgang des modernen Menschen mit seiner Lebenszeit besser als dieser kurze Satz. Arnold Bennett war allerdings nicht zufrieden mit dieser Sichtweise. Seine These lautete daher vielmehr: Zeit ist *so viel mehr* als Geld!

Uns allen stehen 24 Stunden am Tag zur Verfügung. Wir sind Angestellte oder haben zumindest einen geregelten Arbeitstag. Rein rechnerisch verschlingt der Arbeitstag 1/3 des Tages und dann müssen wir auch noch schlafen. Was übrig bleibt, ist die so genannte Freizeit. In dieser eng bemessenen Zeit können, sollen, ja, müssen wir leben. Doch wer von uns schafft das schon? Wenn wir ehrlich sind, schlagen wir die Zeit meistens mit sinnlosen Tätigkeiten tot. Wir schauen fern, wir surfen im Internet, wir lagern unser Leben in virtuelle Welten aus. Ihr lebt nicht, ihr existiert bloß, würde Mr. Bennett uns vorwerfen!

Sie träumen manchmal auch von einem anderen Leben, nicht wahr? Aber Ihre Ausrede lautet bestimmt immer: „Ich habe keine Zeit, um ..."?

Dann lassen Sie sich einfach von Arnold Bennett helfen, denn er schlug sich mit genau diesem Problem herum, und zwar schon vor über 100 Jahren! Die geregelten Arbeitszeiten seiner Londoner Mitmenschen sind nämlich erstaunlicherweise den unseren verblüffend ähnlich und auch der Irrsinn, die Zeit totzuschlagen ist keine Erfindung des neuen Jahrtausends. Mr. Bennett geht vom Extremfall aus: die Arbeit ist ein Muss und kein Vergnügen und zudem erfordert sie nicht einmal unser volles geistiges Potential. Heute hört man in diesem Zusammenhang oft das Stichwort „Boreout" fallen (Unzufriedenheit mit dem eigenen Arbeitsplatz infolge von Langeweile). Mr. Bennett kann genauso wenig wie Sie Ihren Arbeitsplatz reformieren, um dadurch Ihr

Leben lebenswerter zu machen. Aber der schlaue Brite kann Ihnen sehr Wohl Mittel und Wege zeigen, wie sie den Rest des Tages, nämlich Ihre sogenannte Freizeit, so umgestalten können, dass sie am Ende von sich selbst behaupten können: „Ich existiere nicht bloß, ich funktioniere nicht bloß, sondern ich lebe!" Dabei ist Mr. Bennett kein religiöser oder moralischer Lehrmeister, sondern vielmehr ein aufgeklärter Mensch der Moderne. Er kommt nicht auf die Idee, Ihnen vorzubeten, was Sie mit Ihrer Zeit tun sollen. Er verschafft Ihnen lediglich die Zeit, damit Sie tun können, was Sie schon immer tun wollten. Er motiviert Sie dazu, etwas aus Ihrem Leben zu machen! Der ganze Rest obliegt Ihrer eigenen Natur und Verantwortung. Arnold Bennett ist einer der ersten Verfechter des „modernen" Zeitmanagements – er gehört regelrecht zu den Gründervätern dieser Disziplin. Aus diesem Grund wird sein Buch (How to live on 24 Hours a day) im angelsächsischen Raum auch heute noch gerne gelesen, viel diskutiert und oft zitiert. Obwohl er ein Londoner des 20. Jahrhunderts ist, bleiben seine Ideen zeitlos.

Lesen Sie noch heute 24 Stunden am Tag, um zu einem Herrn oder einer Herrin der Zeit zu werden!

Printed in Germany
by Amazon Distribution
GmbH, Leipzig

16338969R00089